RECURSOS NO PROCESSO DO TRABALHO

NOVO REGIME

Outros trabalhos do autor

I – Em livro (ed. Livraria Almedina):

Do foro laboral:
– **Suspensão de Despedimento e outras Providências Cautelares no Processo do Trabalho**

Do foro cível:
– **Temas da Reforma do Processo Civil**, I vol., 1.ª e 2.ª ed.
  1 – *Princípios Fundamentais*
  2 – *Fase Inicial do Processo Declarativo*
– **Temas da Reforma do Processo Civil**, II vol., 1.ª, 2.ª, 3.ª e 4.ª ed.
  3 – *Audiência Preliminar, Saneamento e Condensação*
  4 – *Registo da Prova e Decisão da Matéria de Facto*
– **Temas da Reforma do Processo Civil**, III vol., 1.ª, 2.ª, 3.ª e 4.ª ed.
  5 – *Procedimento Cautelar Comum*
– **Temas da Reforma do Processo Civil**, IV vol., 1.ª, 2.ª, 3.ª e 4.ª ed.
  6 – *Procedimento Cautelar Comum*
– **Recursos em Processo Civil – Novo Regime**, 1.ª, 2.ª e 3.ª ed.
– **Temas Judiciários**
  1 – *Citações e Notificações em Processo Civil*
  2 – *Custas Judiciais e Multas Cíveis*
– **Temas da Responsabilidade Civil**, I vol.
  1 – *Indemnização do Dano da Privação do Uso*, 1.ª, 2.ª e 3.ª ed.
– **Temas da Responsabilidade Civil**, II vol.
  2 – *Indemnização dos Danos Reflexos*, 1.ª e 2.ª ed.
– **Acidentes de Viação**, da colecção *"Direitos e Deveres dos Cidadãos"*

II – Publicações avulsas:

Do foro laboral:
– **Reforma do processo civil e o foro laboral**, no *Prontuário do Direito do Trabalho*, ed. do CEJ, n.º 48
– **Documentação e registo da prova em processo laboral**, no *Prontuário do Direito do Trabalho*, ed. do CEJ, n.º 49
– **Reforma do processo civil e o foro laboral – processo executivo**, no *Prontuário do Direito do Trabalho*, ed. do CEJ, n.º 50
– **Reforma do processo civil e o foro laboral – procedimentos cautelares**, no *Prontuário do Direito do Trabalho*, ed. do CEJ, n.º 51
– **A recuperação de empresas, a falência e o direito do trabalho**, no *Prontuário do Direito do Trabalho*, ed. do CEJ, n.os 52 e 53
– **A reforma dos recursos introduzida pelo Dec. Lei n.º 303/07 e os seus reflexos no Código de Processo do Trabalho**, no *Prontuário do Direito do Trabalho*, ed. do CEJ, n.os 74 e 75

Do foro cível:
– **Registo da prova**, em *Sub Judice*, n.º 8
– **Valor da jurisprudência cível**, em *Colectânea de Jurisprudência do Supremo Tribunal de Justiça*, tomo II
– **Exequibilidade da sentença condenatória quanto aos juros de mora**, em *Colectânea de Jurisprudência do Supremo Tribunal de Justiça*, tomo I
– **Títulos executivos**, em *Themis*, ed. da FDUNL, ano IV, n.º 7
– **Ressarcibilidade dos danos não patrimoniais de terceiros em caso de lesão corporal**, em *Estudos em Homenagem ao Professor Doutor Inocêncio Galvão Teles*, vol. IV
– **Execução específica de contrato-promessa de compra e venda celebrado apenas por um dos cônjuges**, em *Lex Familiae*, ed. do Centro de Direito de Família, da FDUC, n.º 1
– **O juiz e a execução**, em *Themis*, ed. da FDUNL, ano V, n.º 9
– **Processo civil experimental**, em *Novas Exigências do Processo Civil*, ed. da Associação Jurídica do Porto
– **Da Responsabilidade Civil**, em *Direito Civil e Processual Civil*, tomo II, ed. no âmbito do Programa PIR-PALOP
– **Direito Societário**, em *O Direito dos Negócios e Societário*, ed. no âmbito do Programa PIR-PALOP
– **Recursos sobre a matéria de facto em processo civil**, em *Reforma dos Recursos em Processo Civil – Trabalhos Preparatórios*, ed. do Min. da Justiça
– **Reforma do regime de recurso cíveis**, em *Julgar*, ed. da ASJP, n.º 4

ANTÓNIO SANTOS ABRANTES GERALDES
Juiz Desembargador

RECURSOS NO PROCESSO DO TRABALHO
NOVO REGIME

Recursos cíveis
Dec. Lei n.º 295/09, de 13 de Outubro

Recursos de contra-ordenações laborais e da segurança social
Lei n.º 107/09, de 14 de Setembro

RECURSOS NO PROCESSO DO TRABALHO
NOVO REGIME

AUTOR
ANTÓNIO SANTOS ABRANTES GERALDES

REVISÃO
LARA GERALDES

EDITOR
EDIÇÕES ALMEDINA. SA
Av. Fernão Magalhães, n.º 584, 5.º Andar
3000-174 Coimbra
Tel.: 239 851 904
Fax: 239 851 901
www.almedina.net
editora@almedina.net

DESIGN DE CAPA
FBA.

PRÉ-IMPRESSÃO
G.C. GRÁFICA DE COIMBRA, LDA.
producao@graficadecoimbra.pt

IMPRESSÃO
PAPELMUNDE, SMG, LDA.
Novembro de 2010
Depósito legal n.º 319421/10

Os dados e as opiniões inseridos na presente publicação
são da exclusiva responsabilidade do(s) seu(s) autor(es).

Toda a reprodução desta obra, por fotocópia ou outro qualquer
processo, sem prévia autorização escrita do Editor, é ilícita
e passível de procedimento judicial contra o infractor.

Biblioteca Nacional de Portugal – Catalogação na Publicação

PORTUGAL. Leis, decretos, etc.

Recurso no processo do trabalho / anot. António
Santos Abrantes Geraldes. - (Legislação anotada)
ISBN 978-972-40-4397-5

I – GERALDES, António Santos Abrantes

CDU   349
      347
      331

NOTA PRÉVIA

Apesar do percurso profissional quase exclusivamente ligado à jurisdição cível, tenho procurado acompanhar as reformas introduzidas no processo do trabalho, designadamente no que concerne à matéria dos procedimentos cautelares e dos recursos.

Em relação à reforma do processo civil de 1997 no foro laboral, elaborei diversos trabalhos sob o tema geral *"Reforma do processo civil e o foro laboral"* publicados no *Prontuário do Direito do Trabalho*, do CEJ, n.ºs 48.º a 53.º.

Com a entrada em vigor da reforma dos recursos cíveis, o *Prontuário do Direito do Trabalho* n.ºs 74 e 75, inseriu outro intitulado *"A reforma dos recursos introduzida pelo Dec. Lei n.º 303/07 e os seus reflexos no CPT"* que depois integrei como *Apêndice* em *"Recursos Em Processo Civil – Novo Regime, 2.ª ed."*.

Agora, trata-se de apreciar o regime dos recursos laborais que decorre da revisão operada pelo Dec. Lei n.º 295/09, de 13-10, envolvendo, para além dos recursos interpostos em acções de natureza cível, as impugnações e recursos de decisões proferidas no âmbito dos processos de contra-ordenações laborais e da segurança social.

Continuando o processo do trabalho a necessitar do apoio supletivo do Código de Processo Civil, designadamente em matéria de recursos, evitei o desenvolvimento de questões comuns que, com mais detalhe, já abordei na obra *"Recursos em Processo Civil – Novo Regime, 3.ª ed."* que, assim, serve de retaguarda a este trabalho.

Lisboa, Outubro de 2010

António Santos Abrantes Geraldes
Endereço electrónico:
abrantesgeraldes@gmail.com

SUMÁRIO

I – INTRODUÇÃO

II – RECURSO DE APELAÇÃO

    Artigo 79.º – *Decisões que admitem sempre recurso*
    Artigo 79.º-A – *Recurso de apelação*
    Artigo 80.º – *Prazo de interposição*
    Artigo 81.º – *Modo de interposição dos recursos*
    Artigo 82.º – *Admissão, indeferimento ou retenção de recurso*
    Artigo 83.º – *Efeito dos recursos*
    Artigo 83.º-A – *Subida dos recursos*
    Artigo 87.º – *Julgamento dos recursos*

III – RECURSO DE REVISTA

IV – RECURSO PARA UNIFORMIZAÇÃO DE JURISPRUDÊNCIA

    Artigo 763.º a 770.º do CPC

V – RECURSO DE REVISÃO

    Artigo 771.º a 777.º do CPC

VI – RECURSOS DE CONTRA-ORDENAÇÕES LABORAIS
E DA SEGURANÇA SOCIAL

    Artigo 186.º-J do CPT
    Artigos 32.º a 60.º da Lei n.º 107/09, de 14-9

RECURSOS NO PROCESSO DO TRABALHO
NOVO REGIME

I
INTRODUÇÃO

1. Na sua vertente substantiva, é inquestionável a *autonomia* do Direito do Trabalho, a qual é revelada pela especificidade das matérias reguladas no Código do Trabalho, pela diversidade de diplomas que incidem sobre relações jurídico-laborais ou pelo relevo atribuído a certos princípios, realçando a necessidade de compensar o natural desequilíbrio dos respectivos sujeitos.

Essa autonomia estende-se ao campo processual. O direito processual – qualquer direito processual – encontra-se necessariamente na dependência do direito material, integrando o conjunto de regras e princípios que devem presidir à apreciação jurisdicional dos conflitos de interesses. Por isso, atenta a função instrumental atribuída ao direito adjectivo, é natural que os valores e os mesmos princípios sejam assegurados quando se mostre necessário recorrer aos tribunais a fim de fazer valer direitos que emergem das relações jurídico-laborais.

O Direito do Trabalho ganhou um espaço próprio que permite distingui-lo do Direito Civil em geral, de modo que com naturalidade se encara a autonomização do Direito Processual do Trabalho relativamente ao Direito Processual Civil.

Trata-se, aliás, de matéria que não sofre contestação. Sem necessidade de maiores desenvolvimentos que impliquem uma análise mais aprofundada da evolução histórica e a comparação mais pormenorizada de ambos os regimes, basta evidenciar a existência de um Código de Processo do Trabalho que, em paralelo com o Código de Processo Civil, apresenta, nas suas sucessivas versões, diferenças significativas quer quanto à tramitação geral da acção, quer quanto aos objectivos prosseguidos.

Sem embargo das semelhanças estruturais relativamente ao CPC e apesar de, nos termos do art. 1.º, n.º 2, do CPT, aquele funcionar como retaguarda onde poderão colher-se regras que permitem integrar omissões de regulamentação, o CPT é fundamentalmente marcado pela simplicidade do seu articulado, pela acentuação da igualdade substancial das partes (malgrado as desigualdades de ordem sócio-económica) e, mais ainda, por factores de eficácia e de celeridade que tanto servem o trabalhador que normalmente surge na posição de sujeito activo, como a entidade empregadora a quem convém igualmente a resolução rápida de litígios de ordem laboral.

À simplicidade da regulamentação processual laboral não é estranho o facto de a mesma visar, em regra, conflitos padronizados, envolvendo sempre uma relação jurídico-laboral e a discussão dos direitos e obrigações dos respectivos sujeitos. Sem embargo da especificidade de certas formas processuais, como ocorre com os processos especiais de acidente de trabalho ou de impugnação da regularidade e licitude do despedimento individual, os contornos dos litígios são, em regra, marcados pela invocação, por parte do trabalhador, de direitos violados, encontrando-se a entidade patronal geralmente em posição defensiva.

São as especiais condições que rodeiam os litígios laborais que estão na génese de uma regulamentação mais singela, marcada pela maior celeridade. Panorama bem diverso do que envolve o processo civil comum, cuja maior complexidade está em conexão directa com a maior variedade dos conflitos que veicula e com a maior amplitude dos direitos e obrigações que lhe cumpre instrumentalizar.

2. Da referida autonomia não se exclui a área dos *recursos*. Ainda que também neste campo a incompletude da regulamentação no CPT não dispense o recurso subsidiário ao CPC, também nesta fase se revelam objectivos específicos no campo da celeridade e da eficácia e na efectiva igualdade substancial dos litigantes.[1]

Sinal disso é que, já antes das reformas processuais de 1996 ou de 2007, a tramitação dos recursos do foro laboral era marcada por uma maior agilização da fase introdutória, com apresentação das alegações juntamente com o requerimento de interposição de recurso ou a redução

---

[1] Para mais desenvolvimentos cfr. ABRANTES GERALDES, *Recursos em Processo Civil – Novo Regime*, 2.ª ed., págs. 477 e segs. e no *Prontuário do Direito do Trabalho*, n.ᵒˢ 74.º e 75.º.

dos prazos. Os factores de eficiência foram especialmente impulsionados pelo facto de tradicionalmente os recursos de apelação em processo do trabalho terem efeito meramente devolutivo, solução que paulatinamente se foi transferindo também para o processo civil. Por seu lado, a igualdade substancial dos sujeitos era especialmente potenciada pelo regime de intervenção do Ministério Público prevista no art. 87.º, n.º 3, do CPT.

Pode até dizer-se que a experiência recolhida do foro laboral terá influído de forma determinante em sucessivas reformas do processo civil comum, *maxime* no sector dos recursos, tendo sido acentuados os factores de dinamização e de aceleração processual para que apontam o art. 20.º da Constituição ou o art. 2.º do CPC no que concerne à realização da justiça num prazo razoável.

3. Nos termos do art. 1.º do CPT, o *processo do trabalho* obedece, em primeira linha, às normas especificamente criadas para o efeito, sem prejuízo da aplicação directa, ou por analogia, das normas ou princípios gerais do direito processual comum que se mostrem compatíveis com a índole daquele.

Também ao nível da tramitação dos recursos em processo do trabalho importa atender, em primeiro lugar, ao que especificamente se encontra regulado no CPT ou em diplomas avulsos.

A recente reforma do CPT veio pôr termo a dúvidas que se suscitaram depois da entrada em vigor da reforma dos recursos em processo civil aprovada pelo Dec. Lei n.º 303/07, de 24 de Agosto. A incompletude do direito processual do trabalho, aliada à falta de indicação expressa do regime a que transitoriamente deveriam obedecer os recursos, criou uma situação de insegurança jurídica, designadamente quanto à dicotomia apelação/agravo e aos prazos de interposição.

Atenta a relação de dependência do processo do trabalho em relação ao processo civil, as profundas alterações que ocorreram neste campo suscitaram dúvidas potenciadoras de soluções díspares e da inerente insegurança jurídica. De facto, o Dec. Lei n.º 303/07 não procedeu à revogação expressa das normas do CPT que regulavam o regime de recursos, sendo que as razões que motivaram a modificação da legislação processual civil comum não colidiam frontalmente com a necessidade ou com a conveniência de se manter, em parte, um regime específico para os recursos do foro laboral. Também não foi introduzida qualquer modificação expressa no regime dos recursos laborais, apesar da insuficiência da regulamentação específica.

Confrontados com as modificações de regime operadas ao nível dos recursos cíveis, não era viável considerar a legislação processual laboral, na parte atinente aos recursos, como "*legislação avulsa*", para efeitos do art. 4.º do Dec. Lei n.º 303/07. Concluir de outro modo, seria negar a aludida autonomia do processo do trabalho em face do processo civil que tem justificado a sua regulamentação num sistema codificado.

Enfim, atenta a autonomia substancial e formal do processo do trabalho, na falta de uma clara indicação do legislador em sentido diverso, importava concluir, antes da revisão do processo do trabalho, que o regime dos recursos cíveis instituído pelo Dec. Lei n.º 303/07 não prejudicava a regulamentação que especificamente constava do CPT, a que prioritariamente deveria recorrer-se, revertendo para o CPC apenas em situações de *lacuna legis*.[2]

4. Com a revisão do CPT, grande parte das dúvidas então suscitadas perdeu actualidade, de modo que, por via da regulamentação própria ou da aplicação subsidiária do regime dos recursos constante do CPC, são estas as *grandes linhas dos recursos em matéria laboral*:

– Abolição da dicotomia apelação/agravo e revista/agravo em 2.ª instância, com adopção do monismo recursório, comportando apenas a apelação para a Relação e a revista para o Supremo;
– Enunciação das decisões imediatamente recorríveis, sendo as demais impugnáveis apenas com recurso que eventualmente seja interposto da decisão final ou depois de esta transitar em julgado;
– Manutenção do prazo geral de interposição do recurso de apelação e de revista (20 dias);
– Fixação em 10 dias do prazo de interposição dos recursos de decisões interlocutórias imediatamente impugnáveis, quer na 1.ª instância, quer na Relação;
– Manutenção da simultaneidade do requerimento de interposição de recurso e de apresentação das alegações;
– Apreciação das reclamações de despachos que não determinem a subida dos recursos pelos juízes dos tribunais superiores;
– Admissibilidade do recurso extraordinário para uniformização de jurisprudência.

---

[2] Sobre a excessiva dependência do processo laboral em relação ao processo civil, cfr. ALMEIDA EUSÉBIO, no *Prontuário do Direito do Trabalho*, n.º 69.º, págs. 143 e segs.

5. Como decorre das anteriores considerações, o CPT não esgota a regulamentação da matéria de recursos, de modo que importa fixar quais as *regras essenciais* que devem ser observadas:

1.ª – Prioridade à regulação constante do CPT;
2.ª – Esgotamento das potencialidades da legislação processual laboral, para o que, sem prejuízo da necessária sustentação no texto legal, o intérprete deve perscrutar o pensamento legislativo (*elemento racional ou teleológico*), atentar na unidade do sistema jurídico (*elemento sistemático*) e analisar as circunstâncias em que a lei foi aprovada e as condições específicas em que é aplicada (*elemento histórico*), se necessário, com recurso à interpretação extensiva, como o determina o art. 9.º do CC;
3.ª – Configurando-se *"casos omissos"*, deve recorrer-se à legislação processual comum que se mostre compatível com a índole especial do processo do trabalho. Ponderar-se-á que as situações de omissão não devem ser confundidas com a simples falta de regulamentação, que pode reflectir simplesmente uma opção de política legislativa, devendo o seu significado extrair-se a partir do disposto no art. 10.º, n.º 1, do CC: casos que a lei não previu, mas relativamente aos quais procedem as mesmas razões subjacentes à regulamentação expressamente consagrada;
4.ª – Por fim, se necessário, é legítimo o recurso à *analogia* com outras situações reguladas no CPT, nos termos do art. 1.º, n.º 2, do CPT.

6. Os *recursos* constituem o instrumento primordial de impugnação de decisões judiciais demandando a intervenção de um tribunal superior, depois de se esgotar o poder jurisdicional do tribunal *a quo*. Mas não esgotam os instrumentos de impugnação de decisões judiciais.

Desde logo, existem decisões que a lei sujeita a reclamação dirigida ao próprio juiz que, assim, pode repondê-las sem os impedimentos ligados à extinção do poder jurisdicional previsto no art. 666.º, n.º 1, do CPC.

Tal sucede com a *reclamação* relativamente aos factos considerados assentes ou aos inscritos na base instrutória, nos termos do art. 511.º, n.º 2, do CPC. Outrossim, com a reclamação contra a decisão da matéria de facto, nos termos do art. 653.º, n.º 4, do CPC, com fundamento em deficiência, obscuridade, contradição ou falta de motivação.

Importa ainda notar que a impugnação de decisões judiciais por via da interposição de recurso não se confunde com a arguição de *nulidades processuais*. Estas podem derivar da omissão de acto que a lei prescreva ou da prática de acto que a lei não admita ou admita sob uma forma diversa daquela que foi executada (art. 201.º do CPC). Umas são de conhecimento oficioso, outras devem ser arguidas pela parte interessada. Mas é a decisão proferida sobre a nulidade suscitada que está sujeita a impugnação pela via recursória.[3]

7. Embora vigore no processo civil e no processo do trabalho o princípio da *aplicação* imediata da lei nova aos processos pendentes, o legislador frequentemente vem introduzindo normas transitórias.

Nos termos do art. 6.º do Dec. Lei n.º 295/09, de 13-10, "*as normas do CPT com a redacção dada pelo presente decreto-lei aplicam-se às acções que se iniciem após a sua entrada em vigor*", a qual foi fixada em 1 de Janeiro de 2010 (art. 9.º, n.º 1).

Trata-se de um preceito que, embora com diversa redacção, traduz a solução que já fora adoptada na reforma do regime dos recursos em processo civil. Assim, as críticas que oportunamente fizemos a tal solução [4] são inteiramente aplicáveis à alteração do regime de recursos laborais, assentando essencialmente na desnecessária vigência de regimes processuais diversificados se e enquanto se mantiverem pendentes processos cuja instância se tenha iniciado antes de 1 de Janeiro de 2010.

No processo do trabalho, os efeitos de uma tal opção são ainda mais gravosos, porquanto, em lugar de dois regimes, pode haver necessidade de lidar com três regimes processuais, tendo em conta que a reforma dos recursos em processo civil já se repercutira, ainda que de forma residual, no foro laboral.

Assim, numa *fase transitória*, na tramitação dos recursos em processo do trabalho pode haver a necessidade de ponderar *três regimes jurídicos* não inteiramente coincidentes:

a) *Recursos interpostos em processos instaurados até 31 de Dezembro de 2007:*

Obedecem à regulamentação constante do CPT, na sua anterior redacção, complementada com a legislação processual civil anterior ao Dec. Lei n.º 303/07, de 24-8.

b) *Recursos interpostos em processos instaurados entre 1 de Janeiro de 2008 (data da entrada em vigor do Dec. Lei n.º 303/07, de 24-8) e 31 de Dezembro de 2009:*

---

[3] Cfr. o Ac. do STJ, de 13-2-90, BMJ 402.º/518.
[4] Em *Recursos em Processo Civil – Novo Regime*, 3.ª ed., págs. 15 e segs.

Seguem a tramitação constante do CPT, na sua anterior redacção, aplicando-se aos casos omissos o novo regime dos recursos cíveis aprovado pelo Dec. Lei n.º 303/07, na medida em que for compatível com o processo do trabalho.[5]

c) *Recursos interpostos <u>em processos instaurados</u> a partir de 1 de Janeiro de 2010:*
Estão sujeitos à regulamentação constante do CPT, na redacção introduzida pelo Dec. Lei n.º 295/09, de 13-10; supletivamente, regem-se pelas normas do processo civil que forem aplicáveis ao processo do trabalho.

Para efeito de determinação da lei aplicável, importa essencialmente apurar a data em que se iniciou a instância (declarativa ou executiva) no âmbito da qual foi proferida a decisão impugnada. Esse elemento definirá ainda o regime a que obedecerão os recursos interpostos no âmbito de apensos que integram incidentes ou fases incidentais de acções ou de execuções já pendentes (*v.g.* reclamação de créditos, embargos de terceiro, separação de meações, etc).[6]

---

[5] A explanação mais desenvolvida do *regime transitório* aplicável a estas situações pode encontrar-se no *Prontuário do Direito do Trabalho*, n.ºs 74 e 75 e em *Recursos em Processo Civil – Novo Regime*, 2.ª ed., págs. 477 e segs.

[6] Cfr. ABRANTES GERALDES, *Recursos em Processo Civil – Novo Regime*, 3.ª ed., págs. 15 e segs.

II
RECURSO DE APELAÇÃO

Artigo 79.º
(Decisões que admitem sempre recurso)

Sem prejuízo do disposto no art. 678.º do Código de Processo Civil e independentemente do valor da causa e da sucumbência, é sempre admissível recurso para a Relação:
    a) **Nas acções em que esteja em causa a determinação da categoria profissional, o despedimento do trabalhador, a sua reintegração na empresa e a validade ou subsistência do contrato de trabalho;**
    b) **Nos processos emergentes de acidente de trabalho ou de doença profissional;**
    c) **Nos processos do contencioso das instituições de previdência, abono de família e associações sindicais.**

Anterior redacção:

Artigo 79.º
(Decisões que admitem recurso)

Sem prejuízo do disposto no artigo 678.º do Código de Processo Civil e independentemente do valor da causa e da sucumbência, é sempre admissível recurso para a Relação:
    a) Nas acções em que esteja em causa a determinação da categoria profissional, o despedimento do trabalhador, a sua reintegração na empresa e a validade ou subsistência do contrato de trabalho;
    b) Nos processos emergentes de acidente de trabalho ou de doença profissional;
    c) Nos processos do contencioso das instituições de previdência, abono de família e associações sindicais.

1. Introdução

1.1. A *recorribilidade* da decisão constitui o principal pressuposto processual que se decompõe em diversos critérios de natureza objectiva. O art. 676.º, n.º 2, do CPC, prevê a existência de recursos ordinários (apelação e revista) e de recursos extraordinários (recurso para uniformização de jurisprudência e recurso de revisão).

À semelhança do que resulta da norma paralela do art. 678.º do CPC, o art. 79.º do CPT apenas trata dos *recursos ordinários*. Quanto aos recursos extraordinários, não se mostra necessária regulação diversa da que consta do CPC: o recurso extraordinário de uniformização de jurisprudência pressupõe uma divergência jurisprudencial entre um acórdão do STJ e o acórdão recorrido proferido no âmbito de recurso de revista; o recurso de revisão nem sequer depende do valor do processo ou da sucumbência em função da alçada.

1.2. Os passos essenciais da impugnação de decisões judiciais *quando não admitam recurso* são os seguintes:

a) A parte interessada pode:

– Requerer o esclarecimento de alguma *obscuridade* ou *ambiguidade* ou a sua reforma quanto a custas e multa (art. 669.º, n.º 1, als. a) e b), do CPC);

– Requerer a *reforma* quando, por lapso manifesto, exista erro na determinação da norma jurídica aplicável ou na qualificação jurídica dos factos (art. 669.º, n.º 2, al. a), do CPC);

– Requerer a *reforma* quando, por lapso manifesto, não tenha sido atendido documento ou outro meio de prova plena que, por si só, implique a modificação da decisão (art. 669.º, n.º 2, al. b));

– Arguir alguma ou algumas das *nulidades* previstas no art. 668.º, n.º 1, als. a) a e).

b) O *prazo* para a dedução desses incidentes é de 10 dias;

c) É ouvida a *parte contrária* para se pronunciar, querendo, no mesmo prazo;

d) O juiz profere *decisão* a indeferir ou deferir, total ou parcialmente o incidente (art. 670.º, n.º 1).

1.3. Quando a *decisão admita recurso*, abrem-se duas alternativas, consoante a decisão seja imediatamente recorrível ou não:

A) Se a decisão se integrar no art. 79.º-A, n.ºs 1 e 2, do CPT, segue-se a seguinte tramitação:

a) Prazo de 20 dias ou de 10 dias para a interposição de recurso, consoante se trate de sentença que pôs termo ao processo ou de outra decisão. Acresce o prazo de 10 dias se o recurso visar também a impugnação da matéria de facto;

b) Apresentação do requerimento de interposição de recurso, com arguição expressa e separada de eventuais nulidades da sentença e apresentação das alegações que culminem com as respectivas conclusões;

c) Notificação, por parte da secretaria, à contraparte do requerimento de interposição do recurso e das alegações;

d) Exercício do contraditório pelo recorrido em prazo idêntico ao do recorrente, podendo ampliar o objecto do recurso, nos termos do art. 684.º-A, ou apresentar recurso subordinado (art. 682.º do CPC);

e) Resposta ao eventual recurso subordinado ou à ampliação do objecto do recurso;

f) Apresentação do processo ao juiz para ordenar a subida do recurso;

g) Se o juiz ordenar a subida do recurso, os autos são remetidos ao tribunal superior;

h) Se o juiz não ordenar a subida do recurso, o recorrente pode apresentar reclamação, a qual é sujeita a apreciação por parte do mesmo juiz. Sendo deferida, o juiz ordena a subida do recurso; sendo indeferida, é ouvida a parte contrária, salvo se apenas estiver em causa a admissibilidade do recurso.

B) Se a decisão não se integrar em alguma das situações previstas no art. 79.º-A, n.ºs 1 e 2, do CPT, a sua impugnação deverá aguardar pelo eventual recurso que seja *interposto da decisão final* ou pelo trânsito em julgado desta.

1.4. O novo regime dos recursos no processo do trabalho seguiu muito de perto a reforma operada no processo civil, importando distinguir a recorribilidade das decisões, em abstracto, da admissibilidade imediata dos recursos.

A interposição *imediata* de recursos apenas está acautelada relativamente às decisões enunciadas no art. 79.º-A, n.ºs 1 e 2, do CPT, com remissão para o art. 691.º, n.º 2, do CPC. Salvo disposição especial, as demais decisões interlocutórias apenas poderão ser impugnadas no recurso eventualmente interposto da decisão final ou, não o havendo, após o trânsito em julgado desta, desde que se mantenha o interesse processual na impugnação.

Em qualquer dos casos, a impugnação das decisões depende sempre da satisfação dos demais pressupostos de recorribilidade, designadamente em função do valor do processo ou da sucumbência, da legitimidade das partes ou do interesse processual.

2. Recorribilidade em função do valor do processo ou da sucumbência

2.1. O art. 678.º do CPC, com a epígrafe *"decisões que admitem recurso"*, tem a seguinte redacção:

1. O recurso ordinário só é admissível quando a causa tenha valor superior à alçada do tribunal de que se recorre e a decisão impugnada seja desfavorável ao recorrente em valor superior a metade da alçada desse tribunal, atendendo-se, em caso de fundada dúvida acerca do valor da sucumbência, somente ao valor da causa.

2. Independentemente do valor da causa e da sucumbência, é sempre admissível recurso:

a) Das decisões que violem as regras de competência internacional ou em razão da matéria ou da hierarquia, ou que ofendam o caso julgado;

b) Das decisões respeitantes ao valor da causa ou dos incidentes, com o fundamento de que o seu valor excede a alçada do tribunal de que se recorre;

c) Das decisões proferidas, no domínio da mesma legislação e sobre a mesma questão fundamental de direito, contra jurisprudência uniformizada do Supremo Tribunal de Justiça.

3. Independentemente do valor da causa e da sucumbência, é sempre admissível recurso para a Relação:

a) Nas acções em que se aprecie a validade, a subsistência ou a cessação de contratos de arrendamento, com excepção dos arrendamentos para habitação não permanente ou para fins especiais transitórios.

b) Das decisões respeitantes ao valor da causa nos procedimentos cautelares, com fundamento de que o seu valor excede a alçada do tribunal de que se recorre.

2.2. A *alçada* constitui o valor até ao qual o tribunal decide sem possibilidade de interposição de recurso ordinário.

Com a alteração da LOFTJ introduzida pelo Dec. Lei n.º 303/07, de 24-8, as alçadas foram fixadas em € 5.000,00 para a 1.ª instância e em € 30.000,00 para a Relação.[7] Tal alteração repercutiu-se logo nas acções da competência dos tribunais do trabalho instauradas a partir de 1 de Janeiro de 2008, com reflexos, por exemplo, na forma de processo ou na recorribilidade das decisões em função do valor ou da sucumbência.

Nas acções cujo valor do processo se situa dentro da alçada do tribunal que profere a decisão esta é, em regra, irrecorrível para o tribunal imediatamente superior. Nas acções com valor superior à alçada admite-se, em regra, recurso para o tribunal superior, desde que a *sucumbência* exceda, pelo menos, metade desse valor.[8]

Desta forma, por aplicação deste sub-critério, em relação às acções instauradas a partir de 1 de Janeiro de 2008, apenas se admite recurso de apelação se a parte decair em, pelo menos, € 2.500,01; e o recurso de revista para o Supremo está limitado aos casos em que o recorrente fique vencido em, pelo menos, € 15.000,01.[9]

Tal critério deixa de funcionar em situações de *"fundada dúvida acerca do valor da sucumbência"*, em que se privilegia o valor do processo no âmbito do qual foi proferida a decisão. Decai também perante normas que tornem o recurso independente desses factores ou que, ao invés, impeçam o recurso por outros motivos.[10]

---

[7] A modificação decorrente do aumento dos valores das alçadas da 1.ª instância e da Relação não se aplica aos *processos pendentes*, como o determinou o art. 11.º do Dec. Lei n.º 303/07, de 24-8, que, nessa medida, também é extensivo aos processos pendentes nos tribunais do trabalho.

[8] No que concerne ao recurso de *revista* existe ainda um requisito adicional ligado à inexistência de *dupla conforme*, de modo que, em princípio, não será admissível revista do acórdão da Relação que confirmar, sem voto de vencido, a decisão da 1.ª instância, nos termos do art. 721.º, n.º 3.

[9] A jurisprudência corrente em casos de *coligação activa* ou de *apensação de acções* vai no sentido da autonomização do valor de cada acção para efeitos de determinar a recorribilidade das decisões, como refere M.ª José Costa Pinto, *Recursos em processo laboral*, em Estudos do Instituto de Direito do Trabalho, vol. V, pág. 122.

[10] Para mais desenvolvimentos cfr. Abrantes Geraldes, *Recursos em Processo Civil – Novo Regime*, 3.ª ed., anot. ao art. 678.º do CPC.

3. Recorribilidade em função do conteúdo da decisão

3.1. À regra da recorribilidade prevista no art. 678.º, n.º 1, do CPC, estabelece o CPT *excepções* específicas em que a recorribilidade é independente do valor da causa ou da sucumbência.[11]

Da conjugação entre o art. 678.º, n.º 2, do CPC, e o art. 79.º do CPT, a recorribilidade em função do conteúdo da decisão e independentemente do valor da causa ou da sucumbência está assegurada em relação às decisões proferidas:[12]

a) Em acções em que esteja em causa a determinação da *categoria profissional*;

b) Em acções em que esteja em causa o *despedimento* do trabalhador;

c) Em acções em que esteja em causa a *reintegração do trabalhador* na empresa;

d) Em acções em que esteja em causa a *subsistência do contrato de trabalho*;[13]

e) No âmbito de processos emergentes de *acidente de trabalho ou de doença profissional*;

f) No âmbito de acções do *contencioso das instituições de previdência, abono de família ou associações sindicais*.[14]

---

[11] Segundo a justificação preambular, visou-se *"fundamentalmente a consagração expressa de que também no foro laboral tem aplicação a regra da sucumbência estabelecida no CPC, sem prejuízo dos casos em que, por força da natureza dos valores em discussão, o recurso até à Relação é sempre admissível, e a cujo elenco se acrescenta o relativo às causas respeitantes à determinação da categoria profissional".*

[12] Cfr. SOUSA PINHEIRO, *Perspectiva geral das alterações ao CPT*, no Prontuário do Direito do Trabalho, n.º 84, pág. 180.

[13] Segundo ABÍLIO NETO, *CPT anot.*, 4.ª ed., pág. 188, devem inserir-se também nesta excepção as acções em que se discuta a *qualificação jurídica do contrato*, como trabalho subordinado ou, ao invés, como trabalho autónomo, sendo que, ao menos indirectamente, tais litígios ainda se inscrevem nas acções que visam a *"determinação da categoria profissional"*

[14] ABÍLIO NETO, *CPT, anot*, 4.ª ed., pág. 187, considera que o Capítulo IV do CPT abarca também os processos contenciosos das *"associações de empregadores"* e das *"comissões de trabalhadores"*, defendendo a integração de tais acções no preceito.

Nestes casos, é assegurada a recorribilidade para a Relação independentemente do valor do processo ou da sucumbência. Já o recurso para o STJ obedece às condições gerais, designadamente ligadas ao binómio alçada/valor do processo ou alçada/sucumbência.

3.2. A norma do processo do trabalho ressalva ainda o disposto no art. 678.º do CPC.

Por via dessa remissão, são ainda *recorríveis*, independentemente do valor do processo ou da sucumbência:

a) *As decisões que violem as regras da competência internacional ou em razão da matéria ou da hierarquia.*[15]

Note-se que esta norma abarca não apenas os casos em que o tribunal afirma uma competência que não detém, como também aqueles em que nega a competência que lhe é atribuída. Inclui ainda aquelas em que o tribunal se abstém de conhecer da correspondente excepção dilatória de conhecimento oficioso, assumindo, mediante fórmula genérica ou tabelar, o referido pressuposto.[16]

b) *As decisões relativamente às quais se alegue a ofensa do caso julgado.*

No foro laboral, interessa notar especialmente o disposto no art. 78.º do CPT, que regula situações especiais de caso julgado nas condições previstas nos arts. 3.º e 5.º do mesmo diploma.

Abarcam-se decisões que se sobreponham a outras que constituam caso julgado formal ou material. Mas já se excluem aquelas em que o juiz, com fundamento na excepção de caso julgado, absolva o réu da instância, pois que, em tais circunstâncias, não existe qualquer *"ofensa"* de caso julgado.[17]

---

[15] Cfr. ABRANTES GERALDES, *Recursos em Processo Civil – Novo Regime*, 3.ª ed., anot. ao art. 678.º do CPC.

[16] A não ser que a decisão incida apenas sobre o pressuposto da competência absoluta, em que o objecto da impugnação é imediatamente apreensível, é conveniente que o recorrente explicite no *requerimento* de interposição de recurso o motivo por que recorre, nos termos e para efeitos do disposto no art. 684.º-B, n.º 1, do CPC, o que facilita a admissibilidade do recurso sem necessidade de o juiz ter de apreciar o teor da alegação apresentada em simultâneo.

[17] Cfr. ABRANTES GERALDES, *Recursos em Processo Civil – Novo Regime*, 3.ª ed., anot. ao art. 678.º do CPC, AMÂNCIO FERREIRA, *Manual dos Recursos em Processo Civil*, 8.ª ed., pág. 113, LEBRE DE FREITAS e RIBEIRO MENDES, *CPC anot.*, vol. III, tomo I, 2.ª ed., pág. 15.

Deverá o recorrente instruir o requerimento com a decisão transitada em julgado relativamente à qual se invoque a respectiva ofensa, a não ser que tal decisão tenha sido proferida no próprio processo, caso em que basta a sua referenciação.[18]

c) *Decisões que respeitem à determinação do valor da causa, com fundamento de que excede a alçada do tribunal de que se recorre.*

A partir de 1 de Janeiro de 2008, a alçada do tribunal de 1.ª instância foi fixada em € 5.000,00, sendo a da Relação de € 30.000,00.

A recorribilidade da decisão que apreciou o incidente de verificação do valor da causa está assegurada quando se invoque que o valor que deve ser fixado excede a alçada do tribunal de que se recorre.

d) *Decisões que desrespeitem jurisprudência uniformizada do STJ sobre questões de direito, no domínio da mesma legislação.*

Para efeitos de verificar a admissibilidade do recurso nestas situações importa ter em atenção os seguintes aspectos essenciais:[19]

– A *contradição de decisões* deve verificar-se relativamente a um acórdão de uniformização de jurisprudência do Supremo Tribunal de Justiça resultante da apreciação de recurso ampliado de revista (arts. 732.º-A e 732.º-B do CPC)[20] ou de recurso extraordinário para uniformização de jurisprudência (arts. 763.º e segs.). No foro laboral merecem ainda destaque os acórdãos do STJ sobre as questões referidas no art. 183.º do CPT a que o art. 186.º reconhece o valor dos acórdãos de uniformização;

– A divergência entre a decisão e jurisprudência uniforme apenas releva quando se trata de questão de direito *idêntica* e que, além disso, seja *essencial* para ambas as decisões;

– Exige-se *oposição* frontal entre a decisão e o acórdão uniformizador, e não apenas implícita ou pressuposta;[21]

---

[18] Deve ainda indicar o fundamento por que recorre (art. 684.º-B, n.º 1 do CPC).

[19] Cfr. ABRANTES GERALDES, *Recursos em Processo Civil – Novo Regime*, 3.ª ed., anot. ao art. 678.º do CPC.

[20] Ou em resultado da conversão de anterior Assento do STJ em Acórdão de Uniformização de Jurisprudência determinada pelo art. 17.º, n.º 2, do Dec. Lei n.º 329-A/95, de 12 de Dezembro.

[21] Neste sentido, RIBEIRO MENDES, *Recursos em Processo Civil*, pág. 290, pronunciando-se sobre o anterior recurso para o Pleno, mas com inteira aplicação ao caso.

– Tal divergência deve verificar-se num *quadro normativo* substancialmente idêntico, ainda que tal não exija a manutenção formal do mesmo regime jurídico, relevando os aspectos materiais.[22]

No *requerimento* de interposição de recurso o recorrente deve aludir ao fundamento em que se baseia, nos termos e para efeitos do disposto nos arts. 684.º-B, n.º 1, e 685.º-C, n.ºs 1 e 2, do CPC, demonstrando a existência do acórdão uniformizador, ainda que por remissão para o local da sua publicação.

Em todas as situações referidas no ponto anterior, o objecto do recurso está confinado às *questões* taxativamente salvaguardadas, não podendo a regra especial de recorribilidade servir de pretexto para inscrever e discutir questões cuja impugnação a lei submeta ao regime geral.[23]

3.3. O art. 79.º do CPT limita-se a ultrapassar as condicionantes do valor do processo ou da sucumbência no que respeita ao recurso de *apelação* para a Relação. Não respeita ao recurso de *revista*, a não ser na medida em que salvaguarda também para o processo do trabalho a aplicação do disposto no art. 678.º do CPC.

É verdade que algumas das acções especificamente referidas no art. 79.º têm subjacentes *interesses imateriais* e que, deste modo, por via do art. 312.º, n.º 1, do CPC, o seu valor é equivalente à alçada da Relação mais € 0,01. Assim acontece com as acções em que esteja em causa a determinação da categoria profissional ou a validade ou subsistência de contrato de trabalho, assim como as referentes ao contencioso das instituições de previdência e associações sindicais. Nesta medida, seria desnecessário assinalar a recorribilidade até à Relação, que sempre estaria garantida pelo facto de o valor do processo exceder a alçada da 1.ª instância.

---

[22] Com a especificação da *identidade substancial* envolvem-se as situações em que tenha havido modificação formal ou substituição da norma, mantendo-se, contudo, o mesmo regime material. Correspondentemente, TEIXEIRA DE SOUSA assinala que é necessário que não se tenha verificado "qualquer modificação legislativa com relevância para a resolução da questão de direito neles apreciada", embora se não exija a identidade do diploma legal do qual conste a legislação aplicada (*Estudos Sobre o Novo Processo Civil*, 2.ª ed., pág. 557).

[23] Neste sentido LEBRE DE FREITAS e RIBEIRO MENDES, *CPC anot.*, vol. III, tomo I, 2.ª ed., pág. 15, e os Acs. do STJ, de 13-3-97, BMJ 465.º/477, de 28-2-02, de 24-4-02 e de 27-1-04, citados por ABÍLIO NETO, *CPC anot.*, 19.ª ed., em anotação ao art. 678.º.

Todavia, o preceito abarca outras acções cuja vinculação ao critério baseado nos interesses imateriais não é tão nítida. Desvinculação que, aliás, existe no processo de impugnação de despedimento individual declarado por escrito, cujo valor processual se determina em função da utilidade económica do pedido (art. 98.º-P, n.º 2, do CPT), ou nas acções emergentes de acidentes de trabalho, cujo valor fica dependente de variáveis de natureza patrimonial (art. 120.º, n.º 1, do CPT).

Ora, ao menos em relação a estas acções em que, por via do valor, não está garantido o recurso para a Relação, o preceituado no art. 79.º do CPT continua a revelar interesse, sendo frequentes as situações em que o decaimento parcial se traduz em determinado valor económico que, não fora a referida ressalva, poderia obstar à admissibilidade do recurso.

Em conclusão, o art. 79.º do CPT não afasta a recorribilidade para o STJ nas acções enunciadas, que fica sujeita às regras gerais, revelando a mesma paralelismo com o estabelecido no art. 678.º do CPC nos seguintes termos:

– É *sempre admissível revista* nos casos em que à decisão seja imputada a violação do pressuposto da competência absoluta, a ofensa do caso julgado ou o desrespeito por jurisprudência uniformizada do STJ, direito que pode ser exercido mesmo quando o acórdão recorrido traduza uma situação de dupla conforme, nos termos do art. 721.º, n.º 3, do CPC.[24]

3.4. Importa ainda considerar outras *normas avulsas* que regulam a recorribilidade:

a) É sempre admissível recurso para a Relação da decisão final proferida no âmbito do *procedimento cautelar de suspensão de despedimento*, nos termos do art. 40.º, n.º 1, do CPT, com a epígrafe *"recurso"*:[25]

1. Da decisão final cabe sempre recurso de apelação para a Relação.

---

[24] A revista com estes fundamentos será admissível mesmo nos casos em que a lei limita o recurso para o Tribunal da Relação, como ocorre nos casos dos arts. 40.º, n.º 1, 172.º, n.º 3, ou 186.º-C, n.º 3, do CPT. Ainda que em tais preceitos não se refira expressamente essa possibilidade, não seria compreensível a insindicabilidade de um acórdão da Relação que, por exemplo, desrespeitasse jurisprudência uniformizada.

[25] O *recurso de revista* para o STJ está, em regra, vedado pelo art. 387.º-A. Porém, não está afastada a possibilidade de o recurso ser sustentado em alguma das excepções previstas no art. 678.º, n.º 2. Discordamos, por isso, da jurisprudência que veda a revista

2. O recurso tem efeito meramente devolutivo, mas ao recurso da decisão que decretar a providência é atribuído efeito suspensivo se, no acto de interposição, o recorrente depositar no tribunal a quantia correspondente a seis meses de retribuição do recorrido, acrescida das correspondentes contribuições para a segurança social.
3. Enquanto subsistir a situação de desemprego pode o trabalhador requerer ao tribunal, por força do depósito, o pagamento da retribuição a que normalmente teria direito.

b) Não se admite recurso da decisão que fixa a pensão ou indemnização provisória no âmbito do processo de *acidente de trabalho*, embora se admita reclamação para o próprio juiz (art. 124.º, n.º 1, do CPT);

c) No processo especial de *impugnação judicial de decisão disciplinar* apenas se admite recurso para a Relação (art. 172.º, n.º 3, do CPT);

d) É sempre admissível recurso para o STJ da decisão final proferida no âmbito do processo especial de *anulação e interpretação de convenções colectivas de trabalho* (art. 185.º, n.º 2, do CPT);

e) No âmbito do processo especial de *impugnação da confidencialidade de informações ou da recusa da sua prestação ou da realização de consultas* apenas é admissível recurso de apelação (art. 186.º-C, n.º 3, CPT).

Relevam ainda outras normas do processo civil comum aplicáveis supletivamente ao processo do trabalho, entre as quais se destacam as seguintes:

a) Admite-se sempre recurso para a Relação do despacho de *indeferimento liminar*, nos termos do art. 234.º-A, n.º 2, do CPC, para o qual remete o art. 54.º, n.º 1, do CPT;

b) Nos termos do art. 456.º do CPC, é sempre admissível recurso em um grau da decisão que condene a parte como *litigante de má fé*.

---

para o Supremo em quaisquer circunstâncias, como se decidiu no Ac. do STJ, de 12-11-08 (CJSTJ, tomo V, e *www.dgsi.pt*, acolhendo a doutrina do Ac. de 8-7-03).

Com efeito, verificada em relação ao procedimento cautelar de suspensão de despedimento alguma das situações excepcionais do art. 678.º, n.º 2, não vemos motivo algum para recusar a admissibilidade do recurso de revista. A norma do art. 40.º, n.º 1, do CPT, destina-se apenas a resolver a questão da admissibilidade de um segundo grau de jurisdição em matéria de *suspensão de despedimento*, independentemente do respectivo valor, não sendo inconciliável com o disposto no art. 387.º-A do CPC, aplicável por via dos arts. 33.º e 32.º, n.º 1, do CPT.

4. Recorribilidade em função da natureza da decisão

4.1. Segundo o art. 679.º do CPC, com a epígrafe *"despachos que não admitem recurso"*:

Não admitem recurso os despachos de mero expediente nem os proferidos no uso legal de um poder discricionário.

4.2. Despachos de *"mero expediente"*, insindicáveis em via de recurso, são os que se limitam a prover ao andamento do processo, de acordo com a tramitação legalmente prescrita, daí se afastando, por exemplo, os que não encontrem cobertura em tal tramitação[26] ou de algum modo possam interferir no resultado lide.

Em sede do próprio recurso, os *despachos de mero expediente* são da competência do relator, nos termos do art. 700.º, n.º 1, do CPC. Também o serão os despachos que envolvam o exercício de poderes discricionários. Porém, só relativamente a estes se prevê a possibilidade de reclamar para a conferência (art. 700.º, n.º 3).

Quanto aos despachos proferidos no *"uso legal de um poder discricionário"*, são aqueles em que se decidem matérias confiadas ao prudente arbítrio do julgador ou desembocam numa das alternativas legalmente admissíveis.[27]

5. Legitimidade

5.1. A legitimidade para efeitos de interposição de recurso está genericamente prevista no art. 680.º do CPC com a epígrafe *"quem pode recorrer"*:[28]

---

[26] Por exemplo, o despacho que adia o julgamento fora do condicionalismo legal (Ac. do STJ, de 8-4-87, BMJ 366.º/281) ou o que infringe normas legais (Ac. da Rel. de Coimbra, de 28-6-88, CJ, tomo IV, pág. 41).
No Ac. do STJ, de 30-9-97, BMJ 469.º/463, considerou-se que o facto de o despacho ter ordenado a prática de um acto normal do processo não basta para o qualificar como de mero expediente, não sendo como tal considerado o despacho do relator que viole qualquer preceito legal, ainda que na aparência se destine a regular os termos normais do processo.

[27] Para mais desenvolvimentos cfr. ABRANTES GERALDES, *Recursos em Processo Civil – Novo Regime*, 3.ª ed., anot. ao art. 679.º do CPC.

[28] Para mais desenvolvimentos cfr. ABRANTES GERALDES, *Recursos em Processo Civil – Novo Regime*, 3.ª ed., anot. ao art. 680.º do CPC.
Relativamente ao pressuposto processual da legitimidade *ad causam*, importa atentar no que especialmente se prevê nos arts. 3.º (litisconsórcio), 4.º (cláusulas de CCT) e 5.º do CPT (associações sindicais e patronais).

1. Sem prejuízo do disposto nos números seguintes, os recursos só podem ser interpostos por quem, sendo parte principal na causa, tenha ficado vencido.
2. As pessoas directa e efectivamente prejudicadas pela decisão podem recorrer dela, ainda que não sejam partes na causa ou sejam apenas partes acessórias.
3. O recurso previsto na alínea g) do artigo 771.º pode ser interposto por qualquer terceiro que tenha sido prejudicado com a sentença, considerando-se como terceiro o incapaz que interveio no processo como parte, mas por intermédio de representante legal.

É parte *vencida* aquela que é objectivamente afectada pela decisão, ou seja, a que não haja obtido a decisão mais favorável aos seus interesses,[29] o que se afere através do resultado final, e não do percurso trilhado pelo tribunal para o atingir.

A atendibilidade de outros fundamentos, para além dos que foram considerados na decisão favorável à parte, é matéria que esta pode introduzir nas contra-alegações do recurso que eventualmente seja interposto pela parte vencida, ampliando o objecto do recurso, nos termos do art. 684.º-A, n.º 1, do CPC, por forma a reforçar o resultado favorável entretanto já obtido, ainda que por via diversa da enunciada na decisão recorrida.

5.2. A legitimidade para a interposição de recurso poderá ser afectada em situações de *renúncia* expressa ou tácita, sendo que a renúncia antecipada apenas é eficaz se provier de ambas as partes.

Prevê o art. 681.º do CPC, com a epígrafe *"perda do direito de recorrer e renúncia ao recurso"*, que:

1. É lícito às partes renunciar aos recursos; mas a renúncia antecipada só produz efeito se provier de ambas as partes.
2. Não pode recorrer quem tiver aceitado a decisão depois de proferida.
3. A aceitação da decisão pode ser expressa ou tácita. A aceitação tácita é a que deriva da prática de qualquer facto inequivocamente incompatível com a vontade de recorrer.
4. O disposto nos números anteriores não é aplicável ao Ministério Público.
5. O recorrente pode, por simples requerimento, desistir livremente do recurso interposto.

O n.º 4 considera inaplicáveis as regras da renúncia ao Ministério Público, importando distinguir, no âmbito dos processos do foro laboral, os casos em que o Ministério Público intervém com legitimidade directa daqueles em que assume o patrocínio do trabalhador.

---

[29] Cfr. RIBEIRO MENDES, *Recursos em Processo Civil*, pág. 162.

Ao *Ministério Público* é atribuída legitimidade directa nas acções relativas ao controlo da legalidade da constituição e dos estatutos de associações sindicais, associações de empregadores e comissões de trabalhadores ou nas acções de anulação e interpretação de CCT (art. 5.º-A do CPT). Outrossim nos casos em que intervém em representação do Estado ou de outras pessoas e entidades previstas na lei (art. 6.º do CPT).

Já, porém, quando assume o *patrocínio dos trabalhadores* ou dos seus familiares ou demais entidades, nos termos previstos no art. 7.º do CPT, a qualidade de parte pertence aos patrocinados, não se aplicando, pois, a ressalva respeitante ao regime da renúncia ao recurso.

5.3. Importa ainda considerar nos recursos do foro laboral o disposto no art. 683.º do CPC, com a epígrafe *"extensão do recurso aos compartes não recorrentes"* e cujo teor é o seguinte:

1. O recurso interposto por uma das partes aproveita aos seus compartes no caso de litisconsórcio necessário.
2. Fora do caso de litisconsórcio necessário, o recurso interposto aproveita ainda aos outros:
a) Se estes, na parte em que o interesse seja comum, derem a sua adesão ao recurso;
b) Se tiverem um interesse que dependa essencialmente do interesse do recorrente;
c) Se tiverem sido condenados como devedores solidários, a não ser que o recurso, pelos seus fundamentos, respeite unicamente à pessoa do recorrente.
3. A adesão ao recurso pode ter lugar por meio de requerimento ou de subscrição das alegações do recorrente, até ao início do prazo referido no n.º 1 do art. 707.º.
4. Com o acto de adesão, o interessado faz sua a actividade já exercida pelo recorrente e a que este vier a exercer. Mas é lícito ao aderente passar, em qualquer momento, à posição de recorrente principal, mediante o exercício de actividade própria; e se o recorrente desistir, deve ser notificado da desistência para que possa seguir com o recurso como recorrente principal.
5. O litisconsorte necessário, bem como o comparte que se encontre na situação das alíneas b) ou c) do n.º 2, podem assumir em qualquer momento a posição de recorrente principal.

6. Patrocínio judiciário

Nos termos do art. 33.º, n.º 1, al. c), do CPC, é obrigatória a constituição de *advogado* em sede de recurso, exigência aplicável mesmo nos casos em que, atento o valor da acção, o patrocínio esteja dispensado.

No âmbito do processo do trabalho importa ainda ponderar os casos frequentes em que o patrocínio judiciário pode ser exercido pelo *Ministério Público*, nos termos dos arts. 6.º e 7.º do CPT.

Artigo 79.º-A
(Recurso de apelação)

1 – Da decisão do tribunal de 1.ª instância que ponha termo ao processo cabe recurso de apelação.

2 – Cabe ainda recurso de apelação das seguintes decisões do tribunal de 1.ª instância:

    a) Da decisão que aprecie o impedimento do juiz;
    b) Da decisão que aprecie a competência do tribunal;
    c) Da decisão que ordene a suspensão da instância;
    d) Dos despachos que excluam alguma parte do processo ou constituam, quanto a ela, decisão final, bem como da decisão final proferida nos incidentes de intervenção de terceiro e de habilitação;
    e) Da decisão prevista na alínea a) do n.º 3 do artigo 98.º-J;
    f) Do despacho que, nos termos do n.º 2 do artigo 115.º, recuse a homologação do acordo;
    g) Dos despachos proferidos depois da decisão final;
    h) Decisões cuja impugnação com o recurso da decisão final seria absolutamente inútil;
    i) Nos casos previstos nas alíneas c), d), e), h), i), j) e l) do n.º 2 do artigo 691.º do CPC e nos demais casos expressamente previstos na lei.

3 – As restantes decisões proferidas pelo tribunal de 1.ª instância podem ser impugnadas no recurso que venha a ser interposto da decisão final.

4 – No caso previsto no número anterior, o tribunal só dá provimento às decisões impugnadas conjuntamente com a decisão final quando a infracção cometida possa modificar essa decisão ou quando, independentemente desta, o provimento tenha interesse para o recorrente.

5 – Se não houver recurso da decisão final, as decisões interlocutórias que tenham interesse para o apelante independentemente daquela decisão podem ser impugnadas num recurso único, a interpor após o trânsito da referida decisão.

1. Recurso de apelação

1.1. No âmbito da reforma do regime dos recursos em processo civil, a opção por um *sistema monista* revelou-se essencialmente através do art. 691.º do CPC, que, respeitando à apelação, tem como epígrafe *"de que decisões pode apelar se"*:[30]

> 1. Da decisão do tribunal de 1.ª instância que ponha termo ao processo cabe recurso de apelação.
> 2. Cabe ainda recurso de apelação das seguintes decisões do tribunal de 1.ª instância:
> a) Decisão que aprecie o impedimento do juiz;
> b) Decisão que aprecie a competência do tribunal;
> c) Decisão que aplique multa;
> d) Decisão que condene no cumprimento de obrigação pecuniária;
> e) Decisão que ordene o cancelamento de qualquer registo;
> f) Decisão que ordene a suspensão da instância;
> g) Decisão proferida depois da decisão final;
> h) Despacho saneador que, sem pôr termo ao processo, decida do mérito da causa;
> i) Despacho de admissão ou rejeição de meios de prova;
> j) Despacho que não admita o incidente ou lhe ponha termo;
> l) Despacho que se pronuncie quanto à concessão da providência cautelar, determine o seu levantamento ou indefira liminarmente o respectivo requerimento;
> m) Decisões cuja impugnação com o recurso da decisão final seria absolutamente inútil;
> n) Nos demais casos expressamente previstos na lei.
> 3. As restantes decisões proferidas pelo tribunal de primeira instância podem ser impugnadas no recurso que venha a ser interposto da decisão final ou do despacho previsto na alínea l) do n.º 2.
> 4. Se não houver recurso da decisão final, as decisões interlocutórias que tenham interesse para o apelante independentemente daquela decisão podem ser impugnadas num recurso único, a interpor após o trânsito da referida decisão.
> 5. Nos casos previstos nas alíneas a) a g) e i) a n) do n.º 2, bem como no n.º 4 e nos processos urgentes, o prazo para interposição de recurso e apresentação de alegações é reduzido para 15 dias.

1.2. Tal como ocorre no processo civil, o art. 79.º-A do CPT limita-se a distinguir as decisões sujeitas a *impugnação imediata* daquelas cuja impugnação é relegada para *momento ulterior*, devendo conjugar-se com outras normas que definem as condições que devem estar presentes para

---

[30] Cfr. SOUSA PINHEIRO, *Perspectiva geral das alterações ao CPT*, no Prontuário do Direito do Trabalho, n.º 84, págs. 179 e segs.

que a decisão possa ser impugnada, entre as quais avulta o art. 678.º, n.º 1, do CPC, que define a recorribilidade em função do valor do processo ou da sucumbência.[31]

A norma traduz ainda a absorção do anterior recurso de agravo pela apelação. Independentemente de incidir sobre o mérito ou sobre questões formais, a impugnação segue as regras unitárias previstas para a apelação.

Deste modo, a interposição de recurso não depende apenas do preenchimento dos requisitos gerais em função do valor do processo ou da sucumbência ou da natureza da decisão, mas do tipo de decisão e do momento processual em que é proferida.

1.3. No regime anterior, salvo nos casos em que a lei determinava a irrecorribilidade, para se evitar a formação de *caso julgado* era imprescindível a interposição de recurso. Fosse a decisão de forma ou de mérito, a parte que pretendesse impedir o trânsito em julgado tinha o ónus de interpor recurso dentro de um prazo peremptório.

Actualmente, a lei admite dois regimes diversos:

a) As decisões que *ponham termo ao processo* e as *decisões tipificadas* no n.º 2 do art. 79.º-A do CPT são passíveis de interposição imediata de recurso, de tal modo que se este não for interposto dentro do prazo legal (20 ou 10 dias, nos termos do art. 80.º, n.os 1 e 2), formarão caso julgado material ou formal (arts. 671.º e 672.º do CPC);

b) As *restantes decisões* que sejam impugnáveis podem sê-lo juntamente com o recurso da decisão final (art. 79.º-A, n.º 3, do CPT). Não havendo recurso desta decisão, a impugnação será feita em recurso autónomo a interpor depois de aquela transitar em julgado, desde que tal impugnação traduza um interesse legítimo para a parte (art. 79.º-A, n.º 4).

2. Decisões que ponham termo ao processo (art. 79.º-A, n.º 1)

2.1. Admite-se recurso de apelação das decisões (sentenças ou despachos) que *ponham termo ao processo* ou, com mais rigor terminológico, que determinem a extinção da instância.

---

[31] Assim, por exemplo, será *irrecorrível*, em princípio, o despacho saneador no qual o juiz conheça dos pedidos formulados cujo valor económico seja inferior a ½ da alçada do tribunal de 1.ª instância ou o despacho saneador que aprecie a excepção de prescrição relativamente a uma parcela do pedido que não atinja tal valor.

Não importa o conteúdo ou a natureza da decisão, mas apenas o seu reflexo imediato. Pondo termo ao processo, está preenchida a condição básica para a sua impugnação imediata.
Assim acontece com as seguintes decisões mais correntes:

a) Despacho de *indeferimento liminar total* (art. 234.º-A, n.º 2, do CPC);

b) Despacho (*maxime* o despacho saneador) que declare a *absolvição total da instância* (art. 288.º do CPC)[32] ou qualquer outra forma de *extinção*, entre as quais a deserção da instância, a desistência, a confissão, a transacção (art. 52.º do CPT) ou a declaração de inutilidade ou de impossibilidade superveniente da lide (art. 287.º do CPC);

c) Despacho que, no âmbito do processo especial de impugnação da regularidade e licitude do despedimento, determina a absolvição do pedido (art. 98.º-H, n.ºˢ 1 e 3, al. b), do CPT);

d) Despacho *saneador* que conheça do mérito total da acção (saneador-sentença);

e) Sentença.

2.2. O recurso deve ser interposto no *prazo* de 20 dias (art. 80.º, n.º 1, do CPT), a que podem acrescer mais 10 dias, quando se impugne a decisão de facto com base em prova gravada (art. 80.º, n.º 3).
Sobe nos próprios autos (art. 83.º-A, n.º 1, do CPT, e art. 691.º-A, n.º 1, al. a), do CPC) e, em regra, com efeito meramente devolutivo (art. 83.º, n.º 1).
No recurso pode ainda ser suscitada a impugnação de *decisões interlocutórias* não imediatamente recorríveis (art. 79.º-A, n.º 3).

2.3. Reportando-se o n.º 1 do art. 79.º-A às decisões que *ponham termo ao processo*, tal implica a exclusão de decisões que traduzam

---

[32] A absolvição da instância será, em regra, declarada no despacho saneador (art. 510.º, n.º 1, al. a), do CPC). Contudo, não está afastada a possibilidade de ser decretada em momento anterior ou posterior, como se prevê, por exemplo, relativamente à incompetência absoluta (art. 103.º) ou à falta ou irregularidade do patrocínio judiciário (art. 33.º). A absolvição da instância pode também, em certos casos, ser decidida na sentença final (arts. 510.º, n.º 4, e 660.º, n.º 1, todos do CPC).

extinção parcial da instância, de natureza subjectiva ou objectiva, sem embargo das situações que encontrem apoio adicional em alguma das alíneas do n.º 2, de que constituem exemplos as seguintes:

a) A declaração de extinção parcial da instância com fundamento na verificação da excepção dilatória de *incompetência absoluta*, nos termos da al. b) (*v.g.* absolvição da instância de alguma parte ou em relação a algum pedido).

b) Nos termos da al. d), a decisão, seja qual for a sua natureza ou o seu conteúdo formal ou material, que determine a *exclusão de alguma das partes* do processo (*v.g.* ilegitimidade de um dos autores ou de um dos réus por não ser caso de litisconsórcio ou coligação ilegal que abarque algum dos compartes) ou constitua quanto a alguma das partes *decisão final*;[33]

c) Por aplicação remissiva do art. 691.º, n.º 2, al. h), do CPC, determinada pelo art. 79.º-A, n.º 2, al. i), do CPT, também admitem recurso imediato os despachos saneadores que incidam sobre o *mérito da causa*, abarcando, além do mais, a apreciação de alguma excepção peremptória ou a antecipação da decisão com base na matéria de facto que já possa ser considerada provada;

d) Cumpre ainda assinalar a recorribilidade imediata da decisão que, no âmbito da impugnação judicial da regularidade ou da licitude de *despedimento*, condene a entidade empregadora na reintegração do trabalhador ou no pagamento da indemnização, nos termos do art. 98.º-J, n.º 3, al. a), do CPT, decisão expressamente ressalvada no art. 79.º-A, n.º 2, al. e).

3. Decisões interlocutórias imediatamente recorríveis

3.1. *Decisão que aprecie o impedimento do juiz* (art. 79.º-A, n.º 2, al. a))

Nos termos do art. 123.º, n.º 5, do CPC, a decisão que indefira o incidente admite sempre recurso para o tribunal imediatamente superior.

---

[33] É indiferente o fundamento da exclusão de alguma das partes. Abarcando naturalmente a absolvição da instância por ilegitimidade activa ou passiva de algum dos compartes, engloba ainda decisões que por qualquer outra via determinem a extinção parcial subjectiva da instância.

Já a decisão que o defira está sujeita ao condicionalismo geral da recorribilidade, *maxime* ao facto de o valor do processo exceder a alçada do tribunal.

Sendo admissível o recurso, este deve ser interposto no prazo de 10 dias (art. 80.º, n.º 2, do CPT).

Sobe em separado (art. 83.º-A, n.º 2) e com efeito meramente devolutivo (art. 83.º, n.º 1).

3.2. *Decisão que aprecie a competência do tribunal* (art. 79.º-A, n.º 2, al. b))

Tal como ocorre no processo civil (art. 691.º, n.º 2, al. b), do CPC), para a admissibilidade do recurso é indiferente que a decisão sobre matéria de competência seja no sentido da sua afirmação ou da sua negação. O preceito tem a virtualidade de abarcar mesmo os casos em que o juiz omite decisão sobre a excepção dilatória de incompetência.

A solução da imediata recorribilidade dirige-se não apenas às decisões que incidem sobre a *competência absoluta* (em razão da nacionalidade, matéria ou hierarquia) como às que se reportem à *competência relativa*. Envolve igualmente os casos em que a excepção é restrita a uma parte do objecto do processo ou implica apenas com algum dos diversos compartes.

Importa, no entanto, que se faça uma distinção de situações a respeito da admissibilidade de recurso.

Sendo a decisão impugnada com fundamento na violação de regras de *competência absoluta* (em razão da nacionalidade, da matéria ou da hierarquia), o recurso é sempre admissível independente do valor da causa ou da sucumbência (art. 678.º, n.º 2, al. a), do CPC, e art. 79.º do CPT), recorribilidade admitida até ao Supremo e independente do funcionamento da regra da dupla conforme. Já quando se trate de discutir a *competência relativa* (em função do valor da causa, da forma de processo ou do território ou atinente a pactos de jurisdição) o recurso está sujeito ao condicionalismo geral, designadamente em matéria de alçada, sofrendo ainda a restrição que decorre do art. 111.º, n.º 4, do CPC, que limita a recorribilidade para a Relação.

O recurso é interposto no prazo de 10 dias (art. 80.º, n.º 2, do CPT).[34]

---

[34] Não está afastada a possibilidade de se considerar que o recurso de decisões que, com fundamento na incompetência absoluta do tribunal, determinam a extinção da instância, pondo "*termo ao processo*", pode ser interposto no prazo de 20 dias, nos termos do art. 80.º, n.º 1, do CPT. Mas tal implica uma *interpretação restritiva* do art. 79.º-A, n.º 2, al. b),

Sobe nos próprios autos, se a decisão tiver posto termo ao processo (art. 691.º-A, n.º 1, do CPC, e art. 83.º-A, n.º 1, do CPT); sobe em separado nos demais casos (art. 83.º-A, n.º 2).
Tem efeito meramente devolutivo (art. 83.º, n.º 1).

3.3. *Decisão que ordene a suspensão da instância* (art. 79.º-A, n.º 2, al. c))

A partir da declaração de suspensão da instância, ficam limitados os actos que podem validamente praticar-se no processo (art. 283.º, n.º 1, do CPC). Deste modo, a justificação para a previsão de recurso autónomo centra-se na necessidade de clarificar a questão que determinou a suspensão, com natureza prejudicial relativamente ao prosseguimento normal da tramitação.

Uma vez que a *suspensão da instância* implica a paralisação do processado, é natural a recorribilidade imediata da respectiva decisão. Já a decisão que *indefira* a suspensão da instância apenas é impugnável nos termos dos n.ºs 3 e 4, a não ser que a impugnação diferida se revele absolutamente inútil, nos termos do art. 79.º-A, n.º 2, al. h).

O recurso é interposto no prazo de 10 dias (art. 80.º, n.º 2).

Sobe nos próprios autos (art. 83.º-A, n.º 1, do CPT, e art. 691.º-A, n.º 1, do CPT) e tem efeito meramente devolutivo (art. 83.º, n.º 1).

3.4. *Despacho que exclua alguma parte do processo* (art. 79.º-A, n.º 2, al. d))

Foi encontrada para o processo do trabalho uma solução mais equilibrada do que a que consagrada no art. 691.º, n.ºs 1 e 2, al. h), do CPC, que apenas admite recurso imediato das decisões que ponham termo a todo o processo ou dos despachos saneadores que, sem porem termo ao processo, conheçam do mérito da causa.

Estas situações também se encontram acauteladas no processo do trabalho, nos termos do art. 79.º-A, n.ºs 1 e 2, al. i), na medida em que remete para o art. 691.º, n.º 2, al. h), do CPC. Porém, foi ampliado o leque de decisões imediatamente recorríveis, na medida em que a norma específica do foro laboral não distingue as decisões de mérito das decisões formais.

---

por forma a abarcar apenas os casos em que a decisão indefere a excepção de incompetência absoluta ou em que esta apenas se repercute subjectiva ou objectivamente numa parte da instância, o que é questionável, devendo ser ponderada uma tal opção dentro da chamada *"jurisprudência das cautelas"*.

Deste modo, independentemente do fundamento, qualquer decisão de que resulte a *exclusão de alguma parte* do processo (*rectius*, de comparte) é imediatamente recorrível, sem que a parte vencida tenha de aguardar pela decisão final, o que pode revelar-se importante, por exemplo, quando algum dos réus seja absolvido da instância com fundamento em ilegitimidade ou coligação ilegal, podendo a parte vencida suscitar logo a intervenção da Relação.

O recurso é interposto no prazo de 10 dias (art. 80.°, n.° 2).

Sobe em separado e com efeito meramente devolutivo (arts. 83.°, n.° 1, e 83.°-A, n.° 2).

3.5. *Decisão que constitua quanto, a alguma das partes, decisão final* (art. 79.°-A, n.° 2, al. d))

Também constitui uma novidade em face do que está previsto no art. 691.° do CPC.

Ao longo do processo do trabalho podem ser proferidas decisões de que resulte a *extinção da instância* quanto a alguma das partes, seja autor, seja réu, admitindo-se a sua impugnação imediata, sob pena de se estabelecer o caso julgado formal ou material.

O recurso é interposto no prazo de 10 dias (art. 80.°, n.° 2).

Tem subida em separado e efeito meramente devolutivo (arts. 83.°, n.° 1, e 83.°-A, n.° 2).

3.6. *Decisões finais nos incidentes de intervenção de terceiro e de habilitação* (art. 79.°-A, n.° 2, al. d))

Por aplicação remissiva do art. 691.°, n.° 2, al. j), do CPC, são susceptíveis de recurso as decisões que não admitam ou ponham termo aos *incidentes processuais*, *maxime* aos de intervenção de terceiros.

O recurso é interposto no prazo de 10 dias (art. 80.°, n.° 2).

Tem subida em separado (art. 83.°-A, n.° 2).

O efeito do recurso é suspensivo quando a decisão indeferir a habilitação que corre por apenso (art. 692.°, n.° 3, al. c), do CPC, *ex vi* art. 83.°, n.° 3, do CPT). É devolutivo nos demais casos (art. 83.°, n.° 1).

3.7. *Decisão prevista no art. 98.°-J, n.° 3, al. a), do CPT* (art. 79.°-A, n.° 2, al. e))

Trata-se da decisão que, no âmbito da acção com processo especial de impugnação da regularidade e licitude de *despedimento individual* comunicado por escrito, declara a ilicitude do despedimento e condena o empregador a reintegrar o trabalhador ou a pagar-lhe a correspondente indemnização.

O recurso é interposto no prazo de 10 dias (art. 80.º, n.º 2).

Tem subida em separado (art. 83.º-A, n.º 2).

O efeito é meramente devolutivo (arts. 83.º, n.º 1), sem embargo de ser obtido efeito suspensivo quando, no caso de condenação do réu no pagamento de quantia, este preste caução (art. 83.º, n.º 2).

3.8. *Despacho que, nos termos do art. 115.º, n.º 2, do CPT, recuse a homologação do acordo* (art. 79.º-A, n.º 2, al. f))

Trata-se de despacho proferido no âmbito do processo especial de *acidente de trabalho*.

O recurso é interposto no prazo de 10 dias (art. 80.º, n.º 2).

Tem subida em separado e efeito meramente devolutivo (arts. 83.º, n.º 1, e 83.º-A, n.º 2).

3.9. *Despacho proferido depois da decisão final* (art. 79.º-A, n.º 2, al. g))

O recurso é interposto no prazo de 10 dias depois de transitar em julgado a decisão final (art. 80.º, n.º 2).

Tem subida em separado e efeito meramente devolutivo (arts. 83.º, n.º 1, e 83.º-A, n.º 2).

3.10. *Decisão cuja impugnação com o recurso da decisão final seria absolutamente inútil* (art. 79.º-A, n.º 2, al. h))

Com este preceito o legislador abriu a possibilidade de interposição de recursos intercalares em situações em que a sujeição à regra geral importaria a *inutilidade absoluta* de uma eventual decisão favorável, em termos idênticos aos que constam do art. 691.º, n.º 2, al. m), do CPC.[35]

---

[35] Mantém-se actual a *jurisprudência* fixada, por exemplo, no Ac. do STJ, de 21- -5-97, BMJ 467.º/536, segundo a qual "a inutilidade há-de produzir um resultado irreversível quanto ao recurso, retirando-lhe toda a eficácia dentro do processo, não bastando, por isso, uma inutilização de actos processuais para justificar a subida imediata do recurso".

Como se refere no Ac. da Rel. de Coimbra, de 14-1-03, CJ, tomo I, pág. 10, um recurso torna-se *absolutamente inútil* nos casos em que, a ser provido, o recorrente já não pode aproveitar-se da decisão, produzindo a retenção um resultado irreversivelmente oposto ao efeito que se quis alcançar.

É pacífico que o advérbio implica que a *inutilidade* corresponda ao próprio resultado do recurso, o que não se confunde com a mera possibilidade de anulação ou de inutilização de um certo processado (cfr. o Ac. do STJ, de 14-3-79, BMJ 285.º/242, o Ac. da Rel. do Porto, de 24-5-84, CJ, tomo III, pág. 246, e o Ac. da Rel. de Coimbra, de 4-12-84, CJ, tomo V, pág. 79).

Verificando-se que a interposição do recurso em momento ulterior redunda na *inutilidade absoluta* da impugnação, a parte vencida deve tomar a iniciativa da impugnação imediata, pois só deste modo poderá evitar a formação de caso julgado sobre a concreta decisão.

O recurso é interposto no prazo de 10 dias (art. 80.º, n.º 2).

Sobe em separado e com efeito meramente devolutivo (arts. 83.º, n.º 1, e 83.º-A, n.º 2).

3.11. *Decisão que aplique multa* (art. 79.º-A, n.º 2, al. i), do CPT, e art. 691.º, n.º 2, al. c), do CPC).

Tal como ocorre com outras disposições, a previsão não se destina a alargar a recorribilidade a decisões que estariam excluídas do múltiplo grau de jurisdição. O seu único objectivo é o de tipificar as decisões que são impugnáveis em recurso autónomo, supondo a existência dos demais pressupostos objectivos e subjectivos do recurso, designadamente em função do valor.

A expressão legal leva a concluir que se exclui da recorribilidade imediata a decisão que, contra eventual solicitação da parte, deixe de aplicar uma multa (situação a que sempre faltaria o pressuposto processual da legitimidade, nos termos do art. 680.º, n.º 1, do CPC).

O recurso é interposto no prazo de 10 dias (80.º, n.º 2).

Sobe em separado (art. 83.º-A, n.º 2) e com efeito suspensivo da decisão (arts. 83.º, n.º 3, do CPT, e arts. 692.º, n.º 3, al. e), e 691.º, n.º 2, al. c), do CPC).

3.12. *Decisão que condene no cumprimento de obrigação pecuniária* (art. 79.º-A, n.º 2, al. i), do CPT, e art. 691.º, n.º 2, al. d), do CPC).

A interpretação deste segmento normativo deve confrontar-se com o elemento sistemático e com o elemento histórico que permitem concluir que não visa condenações inscritas em despachos saneadores ou em sentenças sobre o mérito da causa, mas antes *decisões interlocutórias* que impliquem a condenação no pagamento de uma quantia.[36]

---

[36] Para mais desenvolvimentos cfr. ABRANTES GERALDES, *Recursos em Processo Civil – Novo Regime*, 3.ª ed., anot. ao art. 691.º do CPC.
No mesmo sentido TEIXEIRA DE SOUSA, *Reflexões sobre a reforma dos recursos em processo civil*, em *Cadernos de Direito Privado*, n.º 20, pág. 7, RIBEIRO MENDES, *Recursos em Processo Civil – Reforma de 2007*, pág. 126, LEBRE DE FREITAS e RIBEIRO MENDES, *CPC anot.*, vol. III, tomo I, pág. 80, e o Ac. da Rel. de Coimbra, de 3-2-09 (*www.dgsi.pt*).

Aquelas decisões já são abarcadas pelo n.º 1 do art. 79.º do CPT (decisões que põem termo ao processo, *v.g.* sentença) ou pelo art. 691.º, n.º 2, al. h), do CPC, para a qual remete a al. i) daquele preceito (despachos saneadores que, sem porem termo ao processo, incidam sobre o mérito da causa). Por seu lado, o *elemento histórico* permite aproximarnos das situações que, no âmbito do regime anterior, justificavam a admissibilidade do recurso de agravo.

De acordo com as regras gerais, a recorribilidade depende naturalmente do facto de a referida condenação representar, pelo menos, ½ da alçada do tribunal de 1.ª instância e ser proferida em processo cujo valor exceda a referida alçada, ressalvando-se, contudo, os casos em que o recurso é sempre admissível, como ocorre com a condenação no pagamento de indemnização ao abrigo do instituto da litigância de má fé (art. 456.º, n.º 3, do CPC).

Em termos negativos, devem ser ponderadas eventuais restrições à recorribilidade decorrentes da lei, o que, por exemplo, se verifica em relação à decisão de fixação de condenação em *pensão* ou *indemnização provisória*, no âmbito de processo emergente de *acidente de trabalho* (art. 124.º, n.º 1, do CPT).

O recurso é interposto no prazo de 10 dias (art. 80.º, n.º 2).

Sobe em separado (art. 83.º-A, n.º 2) e com efeito suspensivo da decisão (art. 83.º, n.º 3, do CPT, e arts. 692.º, n.º 3, al. e), e 691.º, n.º 2, al. d), do CPC).

3.13. *Decisão que ordene o cancelamento de qualquer registo* (art. 79.º-A, n.º 2, al. i), do CPT, e art. 691.º, n.º 2, al. e), do CPC).

A admissibilidade de recurso imediato visa garantir a estabilização das decisões que ordenem o cancelamento de registos de modo que possam produzir efeitos internos ou externos, designadamente os que decorrem das presunções associadas ao registo predial, comercial ou automóvel.[37]

O recurso é interposto no prazo de 10 dias (art. 80.º, n.º 2).

Sobe em separado (art. 83.º-A, n.º 2) e com efeito suspensivo da decisão (art. 83.º, n.º 3, do CPT, e arts. 692.º, n.º 3, al. e), e 691.º, n.º 2, al. e), do CPC).

---

[37] Excluem-se do regime especial as situações em que o conteúdo da decisão é no sentido da negação de um pedido de cancelamento formulado por uma das partes ou em que a decisão se traduz em ordenar a realização ou alteração de um registo.

3.14. *Despacho saneador que, sem pôr termo ao processo, decida do mérito da causa* (art. 691.º, n.º 2, al. h), do CPC, *ex vi* art. 79.º-A, n.º 2, al. i), do CPT).[38]

Existe uma certa sobreposição entre esta decisão e outra que, ao abrigo do art. 79.º-A, n.º 2, al. d), se traduza numa decisão final (no despacho saneador) quanto a algum dos compartes do lado activo ou passivo.

Quando o despacho saneador incide sobre o *mérito da causa*, sem, contudo, extinguir totalmente a instância, a parte deve reagir imediatamente, sob pena de a decisão transitar em julgado, não podendo suscitar a impugnação no recurso que eventualmente seja interposto da decisão final.

Considerando a evolução histórica a partir da primitiva redacção do art. 691.º do CPC e da que foi fixada na reforma do processo civil de 1996, pode asseverar-se que o despacho saneador incide sobre o *"mérito da causa"* quando julga procedente ou improcedente algum ou alguns dos pedidos relativamente a todos ou algum dos interessados, ou quando aprecia, no sentido da procedência ou da improcedência, qualquer excepção peremptória, como a caducidade, a prescrição, a compensação, a nulidade ou a anulabilidade.[39] Ainda que a decisão não determine a extinção total da instância, prosseguindo esta para apreciação de outras questões de facto ou de direito, está sujeita a recurso imediato quando incida sobre o mérito da causa.

O recurso é interposto no prazo de 10 dias (art. 80.º, n.º 2).

Sobe em separado (art. 83.º-A, n.º 2) e com efeito meramente devolutivo (art. 83.º, n.º 1), sem embargo de eventual aplicação do art. 83.º, n.º 2, quando haja lugar a condenação no pagamento de quantia.

3.15. *Despacho de admissão ou de rejeição de meios de prova* (art. 691.º, n.º 2, al. i), do CPC, *ex vi* art. 79.º-A, n.º 2, al. i), do CPT).[40]

---

[38] Para mais desenvolvimentos cfr. ABRANTES GERALDES, *Recursos em Processo Civil – Novo Regime*, 3.ª ed., anot. ao art. 691.º do CPC.

[39] No mesmo sentido RIBEIRO MENDES, *Recursos em Processo Civil – Reforma de 2007*, pág. 126, nota 108.

A alusão às decisões que incidem sobre o *mérito da causa* manteve-se, aliás, noutras normas, entre as quais os arts. 288.º, n.º 3, 508.º-A, n.º 1, al. b), 510.º, n.º 1, al. b), ou 671.º, n.º 1, do CPC. Mantém-se ainda no art. 61.º, n.º 2, do CPT.

[40] Para mais desenvolvimentos cfr. ABRANTES GERALDES, *Recursos em Processo Civil – Novo Regime*, 3.ª ed., anot. ao art. 691.º do CPC.

Englobam-se, entre outros, os casos em o juiz admite ou rejeita um rol de testemunhas ou o aditamento ou substituição desse rol, em que defere ou indefere a realização de perícia, em que admite ou manda desentranhar determinados documentos ou defere ou indefere a requisição de documentos ou a obtenção de informações em poder da outra parte ou de terceiros.

A opção pela admissão de recurso com *subida imediata* liga-se à necessidade de atenuar os riscos da eventual inutilização do processado, especialmente nos casos em que a impugnação incida sobre decisões que tenham rejeitado certos meios de prova. Com efeito, a sujeição de tais decisões à regra geral da impugnação diferida potenciaria o risco de anulação do processado, quer para produção de meios de prova rejeitados, quer para reformulação da decisão da matéria de facto proferida com base em meios de prova ilegalmente admitidos. Considerando a abolição do recurso de agravo que, ao abrigo do regime anterior, cobria este tipo de situações, a opção pela admissão de recurso imediato visa atenuar os efeitos negativos que poderiam produzir-se ao nível da tramitação processual ou da estabilidade das decisões que põem termo ao processo.

Nesta opção, transposta a partir da recente revisão do processo civil comum, detecta-se uma melhoria do sistema, pois que permite evitar os efeitos negativos emergentes da solução anterior em que os recursos relativamente a despachos de admissão ou de rejeição de meios de prova não tinham subida imediata, nem sequer quando o seu eventual provimento pudesse determinar a invalidação de uma parte do processado.[41] Como efeito colateral de tal opção, pode antecipar-se o aumento dos recursos que acabarão por ser apreciados mesmo que, *a posteriori*, venha a verificar-se que a decisão recorrida nenhuma influência exerceu no resultado final da acção.[42]

O recurso é interposto no prazo de 10 dias (art. 80.º, n.º 2).

Sobe em separado (art. 83.º-A, n.º 2) e com efeito meramente devolutivo (art. 83.º, n.º 1).

---

[41] Era unânime a jurisprudência no sentido de que a situação não encontrava fundamento no n.º 2 do art. 734.º do CPC que regulava a subida imediata dos recursos de agravo cuja retenção os tornasse *absolutamente inúteis*. Neste sentido, cfr. o Ac. do STJ, de 21-5-97, BMJ 467.º/536 (para efeitos de retenção do agravo), segundo o qual a *inutilidade* não se verificava no caso em que o recurso tinha por fundamento a inadmissibilidade de determinado meio de prova atendido pelo tribunal *a quo*.

[42] Por exemplo, quando, apesar de indeferida a produção de um meio de prova, a decisão final acabe por ser favorável à parte interessada por outros motivos ou com base noutros meios de prova.

Os trâmites processuais entretanto executados estarão sujeitos ao que for decidido pelo tribunal superior no recurso intercalar: confirmada a decisão recorrida, será integralmente respeitada a tramitação; sendo revogada, invalidar-se-ão os actos de produção de prova que tenham sido indevidamente executados ou proceder-se-á à produção dos meios de prova que tenham sido prejudicados pela decisão de indeferimento.

3.16. *Despacho que não admita o incidente ou lhe ponha termo* (art. 691.º, n.º 2, al. j), do CPC, *ex vi* art. 79.º-A, n.º 2, al. i), do CPT).

As decisões finais dos incidentes de intervenção de terceiros e de habilitação foram especificamente previstas no art. 79.º-A, n.º 2, al. d). A remissão agora feita para o art. 691.º, n.º 2, al. j), do CPC, visa as demais decisões ou incidentes.

O recurso é interposto no prazo de 10 dias (art. 80.º, n.º 2).

O seu regime de subida é variável: o recurso do despacho que indefira o incidente processado por apenso sobe no próprio apenso (art. 83.º-A, n.º 1, do CPT, e art. 691.º-A, n.º 1, al. c), do CPC). O efeito é suspensivo da decisão incidental (art. 83.º, n.º 3, do CPT, e 692.º, n.º 3, al. c), do CPC).

O recurso do despacho que defira o incidente, processado ou não juntamente com a acção, sobe em separado (art. 83.º-A, n.º 2) e com efeito meramente devolutivo (art. 83.º, n.º 1).

3.17. *Despacho de indeferimento liminar de providência cautelar* (art. 691.º, n.º 2, al. l), do CPC, *ex vi* art. 79.º-A, n.º 2, al. i), do CPT).

A recorribilidade (imediata) do *despacho de indeferimento liminar* já resulta da aplicação do art. 234.º-A, n.º 2, do CPC, sendo independente do valor da causa.

Trata-se de decisão que põe termo ao procedimento cautelar cuja tramitação apresenta autonomia em relação à acção de que é instrumental.

Ao invés do que ocorre com a generalidade dos recursos, neste caso a sua prossecução está sujeita a despacho de admissão, nos termos do n.º 3 do art. 234.º-A do CPC, para efeitos de o juiz avaliar se deve ou não ser cumprido o contraditório.[43]

O recurso é interposto no prazo de 10 dias (art. 80.º, n.º 2).

---

[43] Questão que com mais desenvolvimento abordo em *Temas da Reforma do Processo Civil* (*Procedimento Cautelar Comum*) vol. III, 4.ª ed., anot. ao art. 385.º do CPC.

Sobe nos próprios autos (art. 83.º-A, n.º 1, do CPT, e art. 691.º-A, n.º 1, al. d), do CPC) e com efeito suspensivo (art. 83.º, n.º 3, do CPT, e art. 692.º, n.º 3, al. d), do CPC).

3.18. *Despacho que se pronuncie sobre a concessão de providência cautelar* (art. 691.º, n.º 2, al. l), do CPC, *ex vi* art. 79.º-A, n.º 2, al. i), do CPT).

O despacho que se pronuncia sobre a *concessão da providência cautelar* tanto abarca o decretamento da providência (também previsto especificamente no art. 388.º, n.º 1, al. a), do CPC) como o seu indeferimento total ou parcial. Ponto é que se verifiquem os demais pressupostos da recorribilidade, com especial realce para o valor do procedimento e sucumbência.

Relativamente à *suspensão de despedimento* individual ou colectivo, o art. 40.º, n.º 1, do CPT, admite sempre recurso para a Relação, independentemente do valor. Tal recurso tem efeito meramente devolutivo, sem embargo do efeito suspensivo decretado ao abrigo do art. 40.º, n.º 2.

Em relação à generalidade das decisões que *decretam providências*, o recurso da decisão sobe em separado (art. 83.º-A, n.º 2) e, em regra, com efeito meramente devolutivo (art. 83.º, n.º 1), o que permite que a decisão cautelar produza de imediato efeitos práticos e jurídicos.[44] Ressalva-se a atribuição de efeito suspensivo nos casos de suspensão de despedimento, nos termos do art. 40.º, n.º 2.

Já o recurso interposto da decisão que *não ordena a providência* sobe no próprio procedimento (art. 83.º-A, n.º 1, do CPT, e art. 691.º-A, n.º 1, al. d), do CPC) e com efeito suspensivo (art. 83.º, n.º 3, do CPT, e art. 692.º, n.º 3, al. d), do CPC), sendo devolutivo quando se reporte à suspensão do despedimento (art. 40.º, n.º 2).

3.19. *Despacho que determine o levantamento de providência cautelar* (art. 691.º, n.º 2, al. l), do CPC, *ex vi* art. 79.º-A, n.º 2, al. i), do CPT).

No despacho que determine o *levantamento da providência* engloba-se inequivocamente a situação referida no n.º 4 do art. 389.º do CPC e no art. 40.º-A do CPT para os casos em que a providência caduca ou o procedimento cautelar se extingue.

---

[44] Cfr. ABRANTES GERALDES, *Temas da Reforma do Processo Civil* (*Procedimento Cautelar Comum*), vol. III, 4.ª ed., anot. ao art. 387.º-A do CPC.

Mas abarcam-se ainda outras situações. Por um lado, a decisão que, ao abrigo do art. 387.º, n.º 3, do CPC, admita a substituição da providência por caução. Na prática, sobrepondo-se esta decisão à que anteriormente decretou a providência e que porventura até já foi executada, a substituição envolve necessariamente o seu levantamento.[45]

O mesmo efeito se verifica quando o juiz, na sequência da oposição prevista no art. 388.º, n.º 2, do CPC, revoga a providência ou determina a redução dos seus limites. Apesar de esta decisão se integrar na que inicialmente decretou a providência cautelar, não deixa de implicar também, no todo ou em parte, o seu levantamento, sendo passível de recurso nos termos gerais.

O recurso sobe em separado (art. 83.º-A, n.º 2) e com efeito meramente devolutivo (art. 83.º, n.º 1).[46]

3.20. *Outros despachos expressamente previstos na lei* (art. 79.º, n.º 2, al. i), *in fine*, do CPT).

Trata-se de norma em branco cuja utilidade é residual, limitando-se a alertar para a necessidade de verificar se qualquer preceito ou diploma avulso contém regime especial relacionado com a recorribilidade de decisões.

4. Decisões interlocutórias com impugnação diferida

4.1. A opção por um modelo assente no monismo recursório determinou que a generalidade das decisões interlocutórias relativamente às quais não esteja expressamente acautelada a interposição de recurso ficam numa situação instável que decorre do facto de a sua impugnação depender, em regra, do resultado alcançado na acção principal.

Assim acontece, por exemplo, com as *seguintes decisões:*[47]

– Decisão que, ao abrigo do art. 27.º, al. a), do CPT, determine a intervenção de terceiros na acção já instaurada ou que determine a realização de actos necessários ao suprimento de pressupostos processuais

---

[45] Cfr. ABRANTES GERALDES, *Temas da Reforma do Processo Civil (Procedimento Cautelar Comum)*, vol. III, 4.ª ed., anot. ao art. 387.º do CPC.

[46] Cfr. ABRANTES GERALDES, *Temas da Reforma do Processo Civil (Procedimento Cautelar Comum)*, vol. III, 4.ª ed., anot. ao art. 388.º.

[47] Importa ressalvar sempre alguma decisão cuja impugnação diferida se revele absolutamente inútil, nos termos do art. 79.º-A, n.º 2, al. h), do CPT, ou que se integre em qualquer das restantes alíneas do n.º 2.

susceptíveis de sanação, como a preterição de litisconsórcio necessário activo ou passivo;[48]
– Decisão que indefira a suspensão da instância;
– Despacho que conheça de nulidade processual;
– Despacho que defira ou indefira a nulidade da citação;
– Decisão que admita ou rejeite articulado superveniente;
– Decisão que defira ou indefira requerimento de alteração do pedido ou da causa de pedir ou que, ao abrigo do art. 28.º, se pronuncie sobre o aditamento de novos pedidos ou causas de pedir;
– Despacho que admita ou rejeite pedido reconvencional, na medida em que não incide sobre o respectivo mérito (art. 30.º do CPT e art. 274.º do CPC);
– Despacho que admita ou dê sem efeito articulado de réplica ou de resposta a excepções deduzidas na contestação;
– Despacho que defira ou indefira o adiamento de audiência;
– Despacho que, ao abrigo dos arts. 264.º a 266.º do CPC, envolva o exercício de poderes do juiz com carácter instrumental em relação ao objecto do processo.

4.2. Se a parte prejudicada por tais decisões tiver legitimidade para impugnar a decisão final, isto é, se ficar vencida e se estiverem reunidos os pressupostos da impugnabilidade da decisão (*v.g.* valor do processo ou valor da sucumbência), poderá impugnar tais decisões interlocutórias juntamente com o recurso interposto da decisão final. Ponto é que se verifique em relação às mesmas o *interesse processual* revelado através das suas implicações negativas no resultado final da lide ou que a sua revogação, anulação ou substituição traduza para a parte um interesse legítimo (art. 79.º-A, n.º 4).

Se não houver recurso da decisão final, em regra, fica prejudicada a impugnação das referidas decisões interlocutórias, sem embargo de tal impugnação traduzir um *interesse atendível* e destacável para a parte vencida, caso em que será apresentada no prazo de 10 dias depois de transitar em julgado a decisão final (arts. 79.º-A, n.º 5, e 80.º, n.º 2).

Importa notar que a impugnação das *decisões interlocutórias* não dispensa, tal como as demais, a verificação dos *pressupostos gerais*, não sendo impugnáveis decisões que se traduzam em despachos de mero

---

[48] Quanto ao despacho de *convite ao aperfeiçoamento* dos articulados, nos termos dos arts. 27.º, al. b), e 54.º, n.º 1, do CPT, nem sequer é impugnável, considerando a sua sujeição ao disposto na regra geral do art. 508.º, n.º 6, do CPC, atenta a sua natureza meramente preparatória.

expediente ou despachos proferidos no âmbito de poderes discricionários, assim como as decisões cujo valor não represente para a parte vencida, pelo menos, ½ da alçada do tribunal de 1.ª instância.

Se as decisões intercalares respeitarem a *incidentes ou procedimentos cautelares*, a sua impugnação far-se-á com o recurso da decisão que ponha termo ao incidente ou com o recurso dos despachos proferidos no procedimento cautelar, nos termos do art. 79.º-A, n.º 2, al. l).

É verdade que o art. 79.º-A, n.º 3, não corresponde inteiramente à redacção do art. 691.º, n.º 3, do CPC, que expressamente ressalva as decisões interlocutórias proferidas no âmbito de procedimentos disciplinares. Todavia, cremos que a mesma solução se impõe, ainda que para o efeito tenha de recorrer-se à subsidiariedade do processo civil em relação ao processo do trabalho.

4.3. O preceituado no n.º 3 traduz uma *solução paralela* à prevista para a decisão sobre a reclamação da base instrutória ou dos factos assentes, nos termos do art. 511.º, n.º 3, do CPC, ou para a decisão da reclamação sobre as respostas aos factos da base instrutória, nos termos do art. 653.º, n.º 4, do CPC. Qualquer delas apenas pode ser impugnada com o recurso da decisão final.

Todavia, estas decisões vêm na sequência de oportunas reclamações que, por isso mesmo, admitem a sua reparação pelo próprio tribunal que as proferiu, permitindo evitar que eventuais erros na selecção ou na decisão sobre a matéria de facto se repercutam no resultado final. Já no que se refere às demais decisões intercalares não autonomamente impugnáveis, a lei impede tal manifestação, legitimando que a parte interessada, quando confrontada com a decisão final, inclua na respectiva impugnação todo o arsenal de argumentos dirigidos contra as mais variadas decisões interlocutórias.

Nestes termos, a prioridade atribuída ao recurso da decisão que põe termo ao processo, ainda que com as excepções assinaladas no n.º 2 do art. 79.º-A, abre as portas à *instrumentalização dos recursos*, permitindo ao recorrente integrar no seu objecto questões decididas a montante, ainda que pouco relevantes, com vista a extrair vantagens que, por exemplo, decorram da anulação de determinada decisão de mérito ou da necessidade de retomar a tramitação a partir do momento em que foi proferida a decisão intercalar supervenientemente impugnada.

Ora, entre uma e outra das opções ter-se-ia justificado uma mais forte restrição à impugnabilidade de decisões interlocutórias, com previsão da possibilidade de ser deduzida reclamação, permitindo ao juiz corrigir eventuais erros decisórios e, assim, evitar os previsíveis efeitos negativos decorrentes da anulação do processado.[49]

4.4. Com esta envolvente positiva e negativa, não restam dúvidas de que a *instabilidade da instância* é agora bem superior à que decorria do regime anterior. Uma vez que sobre as mencionadas decisões intercalares não se forma caso julgado, a parte vencida pode suscitar no recurso da decisão final todo o género de questões relativamente às quais ficou vencida, na tentativa de contrariar, por essa via, os efeitos da decisão substancial que a tenha afectado.[50]

Anteriormente, o *caso julgado formal* que se constituía sempre que as decisões não fossem de imediato impugnadas tinha a virtualidade de estabilizar os seus efeitos (art. 672.º do CPC), impedindo a sua impugnação em momento posterior. Além disso, admitia-se ainda a reparação do agravo pelo próprio juiz, corrigindo a decisão impugnada e evitando os efeitos do provimento do agravo que determinasse a anulação do processado.

É verdade que a possibilidade de anulação se mantinha nos casos em que os agravos eram admitidos com subida diferida. Ainda assim, os riscos de perturbação eram manifestamente inferiores aos que agora são potenciados pelo novo regime, tendo em conta, por um lado, que recaía sobre o interessado o ónus de interpor imediatamente recurso e de apresentar as respectivas alegações, e, por outro, que ao juiz cabia a possibilidade de reparar de imediato eventuais erros decisórios.

Ante o sistema actual ampliaram-se as possibilidades de a parte vencida introduzir no recurso da decisão final a reapreciação de decisões intercalares, exigindo-se da parte da Relação uma *atitude cautelosa* e *exigente* quando se trate de apreciar as questões suscitadas, de modo que o mérito da decisão final apenas seja afectado por via da impugnação de decisões intercalares quando verdadeiramente se verifique que a nulidade praticada (coberta pela pertinente decisão judicial) ou o erro decisório exerceram efectiva influência no resultado da lide, como expressamente o determina o art. 79.º-A, n.º 4, do CPT.

---

[49] Críticas semelhantes são apontadas por AMÂNCIO FERREIRA, *Manual dos Recursos em Processo Civil*, 8.ª ed., pág. 186, que apelida a solução de "desastrada", tendo em atenção que se confere à parte vencida a possibilidade de impugnar, a final, "o maior número possível de decisões, na mira de, por esse processo ínvio, lograr a anulação da decisão final que lhe tenha sido desfavorável".

[50] Sobre estes riscos cfr. MENDES BATISTA, *A reforma dos recursos e o processo do trabalho*, em *Temas do Direito do Trabalho e do Direito Processual do Trabalho*, pág. 260.

5. Recursos no processo de execução

5.1. Tal como o disposto nos arts. 691.º e segs. do CPC, também as normas dos arts. 79.º a 87.º do CPT visam prioritariamente as decisões proferidas no âmbito da acção declarativa.

Importa, pois, determinar qual o regime aplicável às decisões proferidas em sede de acção executiva e dos procedimentos declaratórios que nela se podem enxertar.

A resposta deve encontrar-se a partir do disposto no art. 98.º-A do CPT que, com a epígrafe *"remissão"*, prescreve que *"em tudo o que não se encontre especialmente regulado no presente capítulo aplicam-se as regras do Código de Processo Civil relativas ao processo de execução"*.

5.2. A respeito do recurso de apelação no âmbito da acção executiva geral regem fundamentalmente os arts. 922.º-A e 922.º-B do CPC.

Segundo o art. 922.º-A, com a epígrafe *"disposições reguladoras dos recursos"*:

Aos recursos de apelação e de revista de decisões proferidas no processo executivo são aplicáveis as disposições reguladoras do processo de declaração, salvo o que vai prescrito nos artigos seguintes.

E segundo o art. 922.º-B, com a epígrafe *"apelação"*:

1. Cabe recurso de apelação das decisões que ponham termo:
a) (Revogada)
b) À verificação e graduação de créditos;
c) À oposição deduzida contra a execução;
d) À oposição deduzida contra a penhora.
2. No caso previsto na alínea d) do número anterior, o prazo de interposição é reduzido para 15 dias.
3. As decisões interlocutórias proferidas no âmbito dos procedimentos referidos no n.º 1 devem ser impugnadas no recurso que venha a ser interposto da decisão final.
4. Se não houver recurso da decisão final, as decisões interlocutórias devem ser impugnadas num único recurso a interpor no prazo de 15 dias a contar da notificação prevista no n.º 2 do artigo 919.º.

Artigo 80.º
(Prazo de interposição)

1 – O prazo de interposição do recurso de apelação ou de revista é de 20 dias.
2 – Nos casos previstos nos n.ᵒˢ 2 e 5 (*) do artigo 79.º-A e nos casos previstos nos n.ᵒˢ 2 e 4 do artigo 721.º do Código de Processo Civil, o prazo para a interposição de recurso reduz-se para 10 dias.
3 – Se o recurso tiver por objecto a reapreciação da prova gravada, aos prazos referidos na parte final dos números anteriores acrescem 10 dias.

* *A referência ao n.º 4 do art. 79.º-A do CPT só pode ser devida a lapso manifesto.*

Anterior redacção:

Artigo 80.º
(Prazo de interposição)

1 – O prazo de interposição do recurso de agravo é de 10 dias.
2 – O prazo para a interposição do recurso de apelação é de 20 dias.
3 – Se o recurso tiver por objecto a reapreciação da prova gravada, os prazos referidos nos números anteriores serão acrescidos de 10 dias.

---

1. Prazos de interposição

1.1. O regime de prazos não é inteiramente coincidente com o previsto no art. 685.º do CPC, sob a epígrafe *"prazos"*:

1. O prazo para interposição do recurso é de 30 dias, salvo nos processos urgentes e nos demais casos expressamente previstos na lei, e conta-se a partir da notificação da decisão.

2. Se a parte for revel e não dever ser notificada nos termos do artigo 255.º, o prazo de interposição corre desde a publicação da decisão, excepto se a revelia da parte cessar antes de decorrido esse prazo, caso em que a sentença ou despacho tem de ser notificado e o prazo começa a correr da data da notificação.
3. Tratando-se de despachos ou sentenças orais, reproduzidos no processo, o prazo corre do dia em que foram proferidos, se a parte esteve presente ou foi notificada para assistir ao acto.
4. Quando, fora dos casos previstos nos números anteriores, não tenha de fazer se a notificação, o prazo corre desde o dia em que o interessado teve conhecimento da decisão.
5. Em prazo idêntico ao da interposição, pode o recorrido responder à alegação do recorrente.
6. Na sua alegação o recorrido pode impugnar a admissibilidade ou a tempestividade do recurso, bem como a legitimidade do recorrente.
7. Se o recurso tiver por objecto a reapreciação da prova gravada, ao prazo de interposição e de resposta acrescem 10 dias.
8. Sendo requerida pelo recorrido a ampliação do objecto do recurso, nos termos do art. 684.º-A, pode o recorrente responder à matéria da ampliação, nos 15 dias posteriores à notificação do requerimento.
9. Havendo vários recorrentes ou vários recorridos, ainda que representados por advogados diferentes, o prazo das respectivas alegações é único, incumbindo à secretaria providenciar para que todos possam proceder ao exame do processo durante o prazo de que beneficiam.

1.2. No *processo do trabalho* foram estabelecidos tanto para a interposição do recurso de apelação como do recurso de revista prazos que correspondem a 2/3 dos fixados para os recursos cíveis, o que se compreende dentro da orientação tradicional de redução dos prazos, como forma de aceleração da marcha processual.

Assim:

a) O prazo de 20 dias, nos termos do art. 80.º, n.º 1, do CPT, para o recurso de *apelação* da decisão que ponha termo ao processo, tem como contraponto o de 30 dias previsto no art. 685.º, n.º 1, do CPC;

b) É de 20 dias o prazo da *revista* no processo do trabalho que tenha por objecto acórdão da Relação que tenha incidido sobre decisão final, (art. 80.º, n.º 1, do CPT), sendo de 30 dias no processo civil (art. 685.º, n.º 1, e 721.º, n.º 1, do CPC);

c) Em relação às demais decisões tipificadas, quer as proferidas na 1.ª instância, quer na Relação, o prazo de interposição do recurso de apelação ou de revista é de 10 dias (art. 80.º, n.º 2, do CPT), opondo-se ao de 15 dias previsto nos arts. 691.º, n.º 5, e 724.º, n.º 1, do CPC.

1.3. Estabelecendo a comparação entre os dois regimes, constata-se que, sem razões justificativas, o paralelismo não foi integralmente assumido.

Tal ocorre com a *apelação do despacho saneador* que, sem ter posto termo ao processo, conheça do mérito da causa, sendo estabelecida uma diferença quanto ao prazo de interposição de recurso que apenas pode ser causa de perturbação ou erro.

No processo civil, tal recurso foi colocado a par do interposto da decisão final, sendo, por isso, de 30 dias, como decorre da conjugação dos arts. 685.º, n.º 1, e 691.º, n.º 5, do CPC. Já, porém, no *processo do trabalho* foi assimilado ao prazo aplicável à generalidade dos recursos das decisões interlocutórias, como o determina o art. 80.º, n.º 2, que estabelece o prazo reduzido de impugnação para todas as decisões referidas no n.º 2 do art. 79.º-A, n.º 2, abarcando também, através da al. i), o recurso do despacho saneador inscrito no art. 691.º, n.º 2, al. h), do CPC.

Este regime nem sequer é congruente com o previsto para o recurso de *revista*, tendo em conta a remissão para o processo civil prevista no art. 81.º, n.º 5. Com efeito, o art. 80.º, n.º 2, estabelece o prazo de 10 dias para a interposição do recurso de revista ao abrigo do art. 721.º, n.ºˢ 2 e 4, do CPC. Por exclusão, o prazo de 20 dias referido no n.º 1 do art. 80.º do CPT reporta-se a todas as situações inscritas no art. 721.º, n.º 1, do CPC, abarcando, assim, não apenas o recurso do acórdão da Relação proferido sobre decisão que pôs termo ao processo (previsto tanto no art. 80.º, n.º 1, do CPT, como no art. 691.º, n.º 1, do CPC) como ainda o que tenha incidido sobre despacho saneador que, sem ter posto termo ao processo, conheceu do mérito da causa, nos termos do art. 691.º, n.º 2, al. h).

1.4. Aos prazos de 20 dias ou de 10 dias previstos para a apelação acrescem 10 dias quando o recurso tiver por objecto a reapreciação de *prova gravada* e desde que a impugnação da decisão da matéria de facto reflicta efectivamente essa reapreciação.[51]

Trata-se de uma solução que se justifica pela necessidade de o recorrente instruir as alegações de recurso com a especificação dos meios de prova cuja reapreciação possa determinar a modificação da decisão da matéria de facto.

---

[51] Cfr. o Ac. do STJ, de 1-3-07 (*www.dgsi.pt*).

A extensão do prazo ocorrerá com mais frequência nos casos em que a apelação incida sobre sentenças que tenham apreciado o mérito da causa, mas pode envolver outras decisões, designadamente as de teor material proferidas no âmbito de procedimentos cautelares, depois de produzida prova oralmente prestada perante o tribunal e que tenha ficado registada.

Atenta a circunscrição do recurso da matéria de facto à Relação, a extensão do prazo não se aplica naturalmente ao recurso de revista.

1.5. No CPC prevê-se a redução do prazo de 30 para 15 dias em todos os recursos a interpor no âmbito de *processos urgentes* (art. 691.º, n.º 5, e 724.º, n.º 1, do CPC).

No foro laboral também existem processos que legalmente são qualificados como urgentes. Para além, dos procedimentos cautelares, por via da aplicação remissiva do art. 382.º do CPC, são urgentes os processos enunciados no art. 26.º do CPT.

Porém, considerando a redução dos prazos que já se verifica no processo do trabalho, não foi prevista qualquer redução adicional, sendo os prazos os que resultam da aplicação do disposto no art. 80.º do CPT, ainda que deva considerar-se que tais prazos correm também em períodos de *férias judiciais*, nos termos do art. 144.º, n.º 1, do CPC.[52]

1.6. A contagem do prazo inicia-se naturalmente a partir da *notificação da decisão*,[53] como se prescreve no art. 685.º, n.º 1, do CPC. Já o prazo para a interposição de recurso de decisões intercalares que continuem a interessar à parte conta-se a partir do trânsito em julgado da decisão final (art. 79.º-A, n.º 5, do CPT).

Nos termos do art. 24.º do CPT, a decisão final proferida no processo do trabalho é notificada às partes e aos respectivos mandatários, representantes ou patronos. Porém, o prazo para a apresentação de quaisquer requerimentos, designadamente de interposição de recurso, conta-se apenas a partir da notificação feita ao mandatário, representante ou patrono.

---

[52] Cfr. o Ac. do STJ, de 26-9-07, CJSTJ, tomo III, pág. 276, e M.ª José Costa Pinto, *Recursos em processo laboral*, em *Estudos Jurídicos em Homenagem ao Professor António Motta Veiga*, pág. 127.

[53] Vale a notificação feita ao mandatário, representante ou patrono oficioso, como decorre do art. 24.º, n.º 4, do CPT. Cfr. também o Ac. da Rel. de Lisboa, de 9-7-03, CJ, tomo IV, pág. 150.

Importa ainda atentar nas situações específicas previstas no art. 685.º do CPC, em conjugação com o art. 255.º do CPC, com especial destaque para os casos em que se trate de decisão oralmente proferida perante a parte que está presente[54] ou que foi notificada para comparecer (n.º 3 do art. 685.º).

1.7. Aos prazos globais referidos podem ainda acrescer 3 dias, nos termos do art. 145.º do CPC, extensão de que as partes apenas podem aproveitar-se mediante o pagamento da *multa processual*.

1.8. Importa ainda atentar noutras decisões especiais:

a) Sendo *vários* os recorrentes ou os recorridos, o prazo para apresentação das respectivas alegações ou contra-alegações é único (art. 685.º, n.º 9, do CPC);

b) O prazo de recurso é reduzido para 5 dias quando se reporte a decisões que tenham condenado em *multa*, penalidade ou taxa sancionatória excepcional fora dos casos legalmente admissíveis, nos termos do art. 27.º, n.º 5, do Regulamento das Custas Processuais.

1.9. O *recorrido* beneficia de idêntico prazo concedido ao recorrente para contra-alegar (art. 81.º, n.º 2, do CPT), incluindo a situação em que o recorrente tenha beneficiado da extensão de 10 dias para fundamentar a impugnação da decisão da matéria de facto com base em prova gravada (art. 685.º, n.º 7, do CPC).
Mas, uma vez que não vigora em processo do trabalho o dever de mútua notificação entre advogados, tal prazo inicia-se apenas depois de a secretaria notificar o recorrido, nos termos do art. 81.º, n.º 2.

1.10. No que respeita ao processo de execução laboral, o regime remissivamente aplicável por via do art. 98.º-A do CPT não beneficia da clareza ou da coerência que se impunha no que concerne à determinação do prazo de interposição dos recursos.
Na verdade, o referido preceito não salvaguarda expressamente a sujeição prioritária ao disposto nos arts. 79.º e segs. Por isso, o encadeado

---

[54] Decidiu-se no Ac. do STJ, de 3-3-98, BMJ 475.º/537, que, tendo a sentença sido ditada para a acta na presença dos advogados das partes, o prazo para a interposição do recurso inicia-se nesse mesmo dia.

de remissões leva a que, em lugar da sujeição dos recursos aos prazos específicos previstos no CPT – de 20 e de 10 dias – se apliquem os prazos de 30 e de 15 dias previstos, respectivamente, no art. 685.º, n.º 1, e no art. 922.º-B, n.º 2, do CPC (este para o recurso da decisão sobre a oposição à penhora).

Trata-se de uma solução que apenas por integração sistemática pode ser evitada, ainda assim, geradora de uma indefinição que em nada beneficia o valor da segurança.

Artigo 81.º
(Modo de interposição dos recursos)

1 – O requerimento de interposição de recurso deve conter a alegação do recorrente, além da identificação da decisão recorrida, especificando, se for caso disso, a parte dela a que o recurso se restringe.

2 – O recorrido dispõe de prazo igual ao da interposição do recurso, contado desde a notificação oficiosa do requerimento do recorrente, para apresentar a sua alegação.

3 – Na alegação pode o recorrido impugnar a admissibilidade ou a tempestividade do recurso, bem como a legitimidade do recorrente.

4 – Havendo recurso subordinado, deve ser interposto no mesmo prazo da alegação do recorrido, aplicando-se, com as necessárias adaptações, o disposto nos números anteriores.

5 – À interposição do recurso de revista aplica-se o regime estabelecido no Código de Processo Civil.

Anterior redacção:

Artigo 81.º
(Modo de interposição dos recursos)

1 – O requerimento de interposição de recurso deve conter a alegação do recorrente, além da identificação da decisão recorrida, especificando, se for caso disso, a parte dela a que o recurso se restringe.

2 – O recorrido dispõe de prazo igual ao da interposição do recurso, contado desde a notificação oficiosa do requerimento do recorrente, para apresentar a sua alegação.

3 – Na alegação pode o recorrido impugnar a admissibilidade ou a tempestividade do recurso, bem como a legitimidade do recorrente.

4 – Havendo recurso subordinado, deve ser interposto no mesmo prazo da alegação do recorrido, aplicando-se, com as necessárias adaptações, o disposto nos números anteriores.

5 – À interposição e alegação do recurso de revista e de agravo em 2.ª instância aplica-se o regime estabelecido no Código de Processo Civil.

1. Modalidades de impugnação das decisões

1.1. Em função das circunstâncias, a impugnação das decisões pode apresentar-se sob alguma das seguintes formas:

a) Recurso interposto pelo *autor*, por sucumbência total ou parcial na acção;

b) Recurso interposto pelo *réu*, por procedência total ou parcial da acção ou da eventual reconvenção;

c) Recursos independentes e *paralelos* interpostos pelo autor e pelo réu, por decaimento parcial, respectivamente, na acção e na defesa;

d) Recurso *principal* interposto por uma das partes, por decaimento parcial na acção ou na defesa, seguido de recurso *subordinado* interposto pela outra parte que incide sobre o segmento em que ficou vencida;

e) Recurso interposto por uma das partes, aproveitando a outra a oportunidade para, nas contra-alegações, *ampliar o objecto* do recurso, com invocação, a título subsidiário, de questões de facto ou de direito relativamente às quais sucumbiu, ou com arguição de nulidades da sentença.

1.2. Dos recursos se distingue a arguição de *nulidades processuais*, nos termos dos arts. 193.º e segs. do CPC, importando diferenciar as *nulidades de procedimento* das *nulidades de julgamento*. Nos termos do art. 668.º, n.º 4, do CPC, e do art. 77.º do CPT, quando as nulidades se reportem à sentença,[55] a sua invocação deve ser feita em sede de recurso, só se admitindo o uso da reclamação para o próprio juiz quando se trate de decisão irrecorrível.

A ocorrência de nulidades processuais pode derivar da omissão de acto que a lei prescreva ou da prática de acto que a lei não admita ou

---

[55] Ou a qualquer outro despacho, nos termos do art. 666.º, n.º 3, do CPC.

admita sob uma forma diversa da que foi executada (art. 201.º do CPC). Sem embargo dos casos em que são de conhecimento oficioso, tais nulidades devem ser arguidas pelos interessados perante o juiz, cuja decisão poderá ser impugnada nos termos gerais.

Mas a questão da escolha do meio processual adequado – recurso ou requerimento de arguição de nulidade – nem sempre encontra resposta tão evidente quando seja cometida nulidade de conhecimento oficioso ou em que o próprio juiz, ao proferir a sentença, omita uma formalidade de cumprimento obrigatório.[56]

Parece correcto assentar em que sempre que o juiz, ao proferir a sentença, se abstenha de apreciar uma situação irregular ou omita uma formalidade imposta por lei, o meio de reacção da parte vencida passa pela *interposição de recurso* fundado em omissão de pronúncia, nos termos do art. 668.º, n.º 1, al. d), do CPC.[57]

2. Interposição de recurso

2.1. Não existe total identidade entre as normas que regulam o requerimento de interposição do recurso de apelação no processo do trabalho e no processo civil.

De acordo com o art. 684.º-B do CPC, sob a epígrafe *"modo de interposição do recurso"*:

1. Os recursos interpõem-se por meio de requerimento dirigido ao tribunal que proferiu a decisão recorrida, no qual se indica a espécie, o efeito e o modo de subida do recurso interposto e, nos casos previstos nas alíneas a) e c) do n.º 2 do artigo 678.º, no recurso para uniformização de jurisprudência e na revista excepcional, o respectivo fundamento.

2. O requerimento referido no número anterior deve incluir a alegação do recorrente.

3. Tratando-se de despachos ou sentenças orais, reproduzidos no processo, o requerimento de interposição pode ser imediatamente ditado para a acta.

---

[56] No Ac. da Rel. de Évora, de 1-4-04 *(www.dgsi.pt)*, considerou-se que a inobservância do princípio do contraditório, na medida em que possa influir na decisão da causa, constitui nulidade processual cuja arguição obedece à regra geral do art. 205.º.

[57] Neste sentido parece inclinar-se AMÂNCIO FERREIRA, *Manual dos Recursos em Processo Civil*, 8.ª ed., pág. 52, para quem a nulidade da sentença exige que a violação da lei processual por parte do juiz, ao proferir alguma decisão, preencha um dos casos contemplados no n.º 1 do art. 668.º do CPC.

2.2. Também não existe total identidade no que concerne à *delimitação do objecto* do recurso.

Segundo o art. 684.º do CPC, sob a epígrafe "*delimitação subjectiva e objectiva do recurso*":

1. Sendo vários os vencedores, todos eles devem ser notificados do despacho que admite o recurso; mas é lícito ao recorrente, salvo no caso de litisconsórcio necessário, excluir do recurso, no requerimento de interposição, algum ou alguns dos vencedores.
2. Se a parte dispositiva da sentença contiver decisões distintas, é igualmente lícito ao recorrente restringir o recurso a qualquer delas, uma vez que especifique no requerimento a decisão de que recorre.
Na falta de especificação, o recurso abrange tudo o que na parte dispositiva da sentença for desfavorável ao recorrente.
3. Nas conclusões da alegação, pode o recorrente restringir, expressa ou tacitamente, o objecto inicial do recurso.
4. Os efeitos do julgado, na parte não recorrida, não podem ser prejudicados pela decisão do recurso nem pela anulação do processo.

2.3. O recurso interpõe-se por meio de *requerimento*, no qual deve ser identificada a decisão recorrida e especificada, se for caso disso, a parte a que o recurso se restringe (art. 81.º, n.º 1, do CPT). Em especial, deve o recorrente identificar a decisão recorrida ou o segmento que pretende impugnar, o que se revela importante nos casos em que tenham sido proferidas decisões autónomas, ou quando a actividade jurisdicional se tenha decomposto em diversas decisões proferidas em simultâneo.

Na falta desta especificação, vale a solução prevista no art. 684.º, n.º 2, 2.ª parte, do CPC, considerando-se que o recurso abrange tudo o que na parte dispositiva da sentença seja desfavorável ao recorrente.

2.4. Os *requisitos formais* do requerimento devem ser complementados com o que dispõe o art. 684.º-B do CPC quanto à indicação da espécie, efeito e modo de subida do recurso, ainda que em relação a estes aspectos não esteja afastada a intervenção correctora do juiz.

Abolido o recurso de agravo, a indicação da *espécie* de recurso apenas interessa verdadeiramente nos casos em que se trate de recurso *per saltum*, de revista excepcional, nos termos do art. 721.º-A do CPC, ou de recurso extraordinário, nos termos do art. 763.º.

Mais importante se revela a indicação do *efeito* do recurso, especialmente nos casos em que se admite que seja requerida a atribuição de efeito suspensivo, em lugar do efeito meramente devolutivo que decorre da aplicação directa da lei. Outrossim o *regime de subida* do recurso, nos próprios autos ou em separado.

2.5. Deve atentar-se nos casos em que a admissibilidade do recurso está dependente da verificação de *requisitos excepcionais*, como se prevê no art. 79.º do CPT e no art. 678.º, n.ºs 2 e 3, do CPC, em que o requerente deve especificar o fundamento do recurso.

A especificação e a instrução do requerimento com outros elementos é ainda mais rigorosa quando se trate de interposição de recurso de *revista excepcional*, nos termos do art. 721.º-A do CPC. Quando, apesar da dupla conforme, o interessado pretenda interpor recurso de revista para o STJ, deve invocar as razões ou os aspectos de identidade referidos no CPC, sob pena de rejeição.

O mesmo se diga quanto à interposição do *recurso extraordinário* para uniformização de jurisprudência, nos termos dos arts. 765.º e 767.º, n.º 1.

2.6. Existem ainda *outros elementos* que, de acordo com as circunstâncias, podem ou devem integrar o requerimento de interposição.

Em especial, as *nulidades da sentença* devem ser arguidas expressa e separadamente, como o determina o art. 77.º, n.º 1, do CPT, exigência que vem sendo interpretada de forma rigorosa e cujo incumprimento determina o não conhecimento das mesmas.[58]

---

[58] Neste sentido cfr. os recentes Acs. do STJ, de 17-6-10 e de 27-5-10 *(www.dgsi.pt)*.
ABÍLIO NETO, *CPT anot.*, 4.ª ed., págs. 169 e 170, aponta críticas severas à manutenção no CPT de um regime diverso do que está previsto nos arts. 668.º e segs. do CPC.
A jurisprudência em redor dos requisitos de *arguição das nulidades* de sentença no processo do trabalho é também fortemente criticada por MENDES BATISTA, *Arguição de nulidades da sentença em processo do trabalho*, em *Temas do Direito do Trabalho e do Direito Processual do Trabalho*, págs. 283 e segs. e na *Revista Minerva* n.º 7), e por M.ª JOSÉ COSTA PINTO, *Recursos em processo laboral*, em *Estudos do Instituto de Direito do Trabalho*, vol. V, pág. 115.
A apreciação da questão deve ponderar a doutrina expressa no Ac. do Trib. Const. n.º 304/05, segundo o qual é *inconstitucional* o art. 77.º, n.º 1, do CPT, na interpretação segundo a qual o tribunal superior não pode conhecer das nulidades da sentença que o recorrente invocou numa peça única, contendo a declaração de interposição de recurso com referência a que se arguiam as nulidades da sentença e se apresentavam as alegações.

2.7. De acordo com as circunstâncias, o requerimento deve revelar os *seguintes elementos*:

a) Justificação da *recorribilidade* nos casos em que a mesma não seja imediatamente aparente (art. 678.º, n.º 2, e 721.º-A do CPC, e art. 79.º do CPT);

b) Justificação da *legitimidade extraordinária* para recorrer (art. 680.º, n.º 2, do CPC);

c) Restrição *objectiva* do recurso (art. 81.º, n.º 1, do CPT);

d) Restrição *subjectiva* do recurso (art. 684.º, n.º 1, do CPC);

e) Arguição expressa e separada de *nulidades da sentença* (art. 77.º, n.º 1, do CPT);

f) Requerimento de atribuição de *efeito* suspensivo (art. 83.º, n.º 2, do CPT);

g) Requerimento de *apensação* de recursos pendentes (art. 275.º-A do CPC);

h) Indicação do *valor* do recurso (art. 12.º, n.º 2, do RCP);

i) Requerimento de recurso *per saltum* para o STJ (art. 725.º, n.º 1, do CPC);

j) Comprovação do pagamento da *taxa de justiça*, nos termos dos arts. 150.º-A e 685.º-D do CPC (e ainda e do art. 8.º da Portaria n.º 114/08, de 6 de Fevereiro, e do art. 7.º, n.º 2, do RCP).

3. Alegações

3.1. É inteiramente aplicável aos recursos no processo do trabalho o art. 685.º-A do CPC, sob a epígrafe *"ónus de alegar e formular conclusões"*:[59]

1. O recorrente deve apresentar a sua alegação, na qual conclui, de forma sintética, pela indicação dos fundamentos por que pede a alteração ou anulação da decisão.

---

[59] Cfr. ABRANTES GERALDES, *Recursos em Processo Civil – Novo Regime*, 3.ª ed., anot. ao art. 685.º-A do CPC.

2. Versando o recurso sobre matéria de direito, as conclusões devem indicar:
a) As normas jurídicas violadas;
b) O sentido com que, no entender do recorrente, as normas que constituem fundamento jurídico da decisão deviam ter sido interpretadas e aplicadas;
c) Invocando-se erro na determinação da norma aplicável, a norma jurídica que, no entendimento do recorrente, devia ter sido aplicada.
3. Quando as conclusões sejam deficientes, obscuras, complexas ou nelas se não tenha procedido às especificações a que alude o número anterior, o relator deve convidar o recorrente a completá-las, esclarecê-las ou sintetizá-las, no prazo de cinco dias, sob pena de se não conhecer do recurso, na parte afectada.
4. O recorrido pode responder ao aditamento ou esclarecimento no prazo de cinco dias.
5. O disposto nos números anteriores não é aplicável aos recursos interpostos pelo Ministério Público, quando recorra por imposição da lei.

3.2. Também é transponível a norma do art. 685.º-B do CPC com a epígrafe *"ónus a cargo do recorrente que impugne a decisão relativa à matéria de facto"*:[60]

1. Quando se impugne a decisão proferida sobre a matéria de facto, deve o recorrente obrigatoriamente especificar, sob pena de rejeição:
a) Os concretos pontos de facto que considera incorrectamente julgados;
b) Os concretos meios probatórios, constantes do processo ou de registo ou gravação nele realizada, que impunham decisão sobre os pontos da matéria de facto impugnados diversa da recorrida.
2. No caso previsto na alínea b) do número anterior, quando os meios probatórios invocados como fundamento do erro na apreciação das provas tenham sido gravados e seja possível a identificação precisa e separada dos depoimentos, nos termos do n.º 2 do artigo 522.º-C, incumbe ao recorrente, sob pena de imediata rejeição do recurso no que se refere à impugnação da matéria de facto, indicar com exactidão as passagens da gravação em que se funda, sem prejuízo da possibilidade de, por sua iniciativa, proceder à respectiva transcrição.
3. Na hipótese prevista no número anterior, incumbe ao recorrido, sem prejuízo dos poderes de investigação oficiosa do tribunal, proceder, na contra-alegação que apresente, à indicação dos depoimentos gravados que infirmem as conclusões do recorrente, podendo, por sua iniciativa, proceder à respectiva transcrição.
4. Quando a gravação da audiência for efectuada através de meio que não permita a identificação precisa e separada dos depoimentos, as partes devem proceder às transcrições previstas nos números anteriores.
5. O disposto nos n.ºs 1 e 2 é aplicável ao caso de o recorrido pretender alargar o âmbito do recurso, nos termos do n.º 2 do artigo 684.º-A.

---

[60] Cfr. ABRANTES GERALDES, *Recursos em Processo Civil – Novo Regime*, 3.ª ed., anot. ao art. 685.º-B do CPC.

3.3. A apresentação das *alegações* juntamente com o requerimento de interposição de recurso já era uma exigência contida na anterior versão do CPT, acabando por influir na modificação do regime processual civil, nos termos que agora constam do art. 684.º-B, n.º 2, do CPC.

O art. 81.º, n.º 1, do CPT, refere que o requerimento deve *"conter"* a alegação do recorrente. Mas tal exigência não tem que ser entendida em termos meramente literais, sendo legítima a apresentação das alegações em anexo, desde que na mesma ocasião.[61]

3.4. A manifestação da vontade de interposição de recurso deve ser dirigida à decisão em si, e não à respectiva motivação. É por aquela que se avalia a legitimidade inerente à qualidade de parte vencida.

A motivação só ganha inequívoco realce com a norma do art. 684.º-A do CPC que permite que a parte recorrida, apesar da sua concordância com o resultado final, amplie o objecto do recurso, introduzindo nas contra-alegações a reponderação do modo como o tribunal recorrido resolveu determinadas questões.

É uniforme a jurisprudência segundo a qual o *objecto do recurso* sobre o qual o tribunal tem de se pronunciar é integrado, em regra, apenas

---

[61] O mesmo se verifica ao nível do processo civil, embora aqui a referida interpretação encontre um elemento adicional no facto de o legislador tergiversar em relação a tal exigência. Com efeito, ao mesmo tempo que no art. 685.º-C, n.º 2, al. b), pressupõe que o requerimento também *"contenha"* as alegações, no mesmo preceito dá abertura à possibilidade de as alegações serem *"juntas"* com o requerimento, sendo que o art. 684.º-B, n.º 2, do CPC, que efectivamente se reporta a tal acto, admite que sejam *"incluídas"* em tal requerimento.

O que a *lei não admite,* nem no processo civil, nem no processo do trabalho, é que as alegações sejam apresentadas em momento diverso do requerimento, ainda que dentro do prazo de interposição do recurso. Aliás, a apresentação de alegações em momento posterior ao do requerimento deve levar o juiz *a quo* a julgar deserto o recurso, nos termos do art. 291.º, n.º 2, do CPC.

Discorda-se, assim, de M.ª JOSÉ COSTA PINTO, *Recursos em processo laboral*, em *Estudos do Instituto de Direito do Trabalho*, vol. V, pág. 128, e da jurisprudência que invoca. Tal como se discorda do decidido nos Acs. do STJ, de 12-5-93 e de 1-10-03, citados por ABÍLIO NETO, *CPT anot.*, 4.ª ed., pág. 199 e 200, e nos Acs. da Rel. de Coimbra, de 28-11-02, CJ, tomo V, pág. 60, e de 1-10-95, CJ, tomo IV, pág. 63, parecendo mais correcta a solução dada pelo Ac. da Rel. de Coimbra, de 16-4-07 citado pelo mesmo autor a fls. 201.

Ressalvam-se os casos excepcionais em que o requerimento de interposição de recurso tenha sido apresentado acto seguido ao da prolação de *decisão oral* exarada em acta, nos termos do art. 684.º-B, n.º 3, em que as alegações poderão ser apresentadas autonomamente, dentro do prazo global para a interposição do recurso.

pelas questões suscitadas[62] e que, atento o art. 685.º-A do CPC, as conclusões delimitam a área de intervenção do tribunal *ad quem*.[63]

Além disso, as questões não se confundem com meras considerações, argumentos, motivos ou juízos de valor.

3.5. Assim, concretizando e exemplificando:

a) Se apenas uma das partes interpuser recurso que abarque uma parcela da decisão, esta não pode ser revogada ou modificada no segmento em que tenha saído vencedora a parte contrária;

b) Se o recorrente, de forma expressa ou tácita, restringiu o âmbito do recurso, o tribunal não pode interferir na parte da sentença que ficou excluída da impugnação;

c) Se por algum motivo o tribunal *ad quem* determinar a anulação do processado, ficam salvaguardados os efeitos da decisão na parte em que não tiver sido objecto de recurso;[64]

d) Os recursos constituem mecanismos destinados a reapreciar decisões proferidas e não a analisar questões novas, salvo quando estas sejam de conhecimento oficioso e o processo contenha os elementos imprescindíveis.[65]

---

[62] Cfr., a título exemplificativo, o Ac. do STJ, de 5-2-04 (*www.dgsi.pt*). Ressalvam-se ainda as questões que, sendo de *conhecimento oficioso*, encontrem nos autos os elementos necessários à sua integração.

[63] Sobre a matéria cfr. MENDES BATISTA, *Conclusões das alegações, objecto do recurso e outras notas sobre recursos no processo do trabalho*, em *Temas do Direito do Trabalho e do Direito Processual do Trabalho*, págs. 295 e segs. e na *Revista Minerva* n.º 5.

[64] Decidiu-se no Ac. do STJ, de 13-3-97, BMJ 465.º/477, que, sendo anulada por acórdão da Relação uma sentença que condenou o réu no pagamento de determinada quantia, absolvendo-o da parte respeitante aos juros de mora, mas da qual apenas o réu recorreu, a sentença transitou em julgado na parte referente à absolvição, nos termos do art. 684.º, n.º 3, do CPC. Consequentemente, viola o *caso julgado* formado quanto a essa parte da sentença a decisão que posteriormente condenou o réu também no pagamento dos juros.

[65] Neste sentido cfr. os Acs. do STJ, de 26-5-92, BMJ 417.º/734, de 21-1-93, CJSTJ, tomo I, pág. 71, de 23-9-98, BMJ 479.º/498, de 15-12-98, BMJ 482.º/192, de 25-2-93, CJSTJ, tomo I, pág. 150, e de 6-6-91, BMJ 408.º/431, ou o Ac. da Rel. de Lisboa, de 7-11-96, CJ, tomo V, pág. 81.

3.6. Os recursos de *apelação* tanto podem envolver matéria de direito como matéria de facto. Já os recursos de *revista* têm o seu objecto delimitado pela matéria de direito, sem embargo do disposto nos arts. 722.º, n.º 3, art. 729.º, n.º 3, e art. 730.º, n.º 2, do CPC.

Na parte que se reportam à *matéria de direito*, cumpre ao recorrente expor nas alegações os motivos da discordância quanto ao decidido, sintetizando nas conclusões, de acordo com as concretas circunstâncias, os seguintes aspectos:[66]

a) Indicação das *normas jurídicas* que considera terem sido violadas;

b) Indicação do *sentido* que, no entender do apelante, deve ser atribuído às normas cuja aplicação e interpretação determinou o resultado que se pretende impugnar;

c) Perante eventual *erro* na determinação das normas aplicáveis, indicação das normas que alternativamente deveriam ter sido aplicadas.

O *ónus do recorrente* decompõe-se no de apresentação tempestiva de alegação e no de formulação de conclusões.

A falta absoluta de *alegações* ou de conclusões gera o *indeferimento* do recurso, a declarar pelo juiz *a quo* (art. 685.º-C, n.º 2, do CPC), sendo que à falta de alegação o legislador atribui ainda o específico efeito de *deserção do recurso* (art. 291.º, n.º 2, do CPC).

Já quando as *conclusões* se apresentem de forma deficiente, obscura, ou complexa ou revelem omissão das especificações referidas no art. 685.º-A, n.º 2, do CPC, trata-se fundamentalmente de eliminar as deficiências, para o que se prevê no n.º 3 despacho de convite ao aperfeiçoamento a proferir pelo relator no tribunal *ad quem*.

A correcção deve ser apresentada no prazo de 5 dias, sendo notificada ao recorrido que poderá responder em igual prazo (n.ºˢ 3 e 4 do art. 685.º-A do CPC).

3.7. A discordância quanto à decisão da *matéria de facto* deve ser manifestada dentro dos parâmetros previstos no art. 685.º-B do CPC, inteiramente aplicável aos recursos no processo do trabalho, designadamente quando a decisão recorrida tenha sido sustentada, no todo ou em parte, em provas oralmente produzidas que tenham sido objecto de *gravação*.

---

[66] Cfr. ABRANTES GERALDES, *Recursos em Processo Civil – Novo Regime*, 3.ª ed., anot. ao art. 685.º-A do CPC.

De acordo com o actual regime, para além de se vedar a possibilidade de a Relação determinar a transcrição dos depoimentos gravados, introduziu-se mais rigor no exercício do ónus de alegação, exigindo-se do recorrente a *indicação exacta* dos trechos da gravação, com referência ao que tenha ficado assinalado na acta.[67]

Procurando sintetizar o sistema sempre que o recurso envolva a *impugnação da decisão sobre a matéria de facto*:

a) O recorrente deve indicar sempre os *concretos pontos de facto* que considera incorrectamente julgados, a que deve aludir na motivação do recurso e sintetizar nas conclusões;

b) Quando o recorrente funde a impugnação em meios de prova constantes do processo ou que nele tenham sido registados, deve *especificar* aqueles que, em seu entender, determinam uma decisão diversa quanto a cada um dos factos;

c) Relativamente aos pontos da matéria de facto cuja impugnação se baseie, no todo ou em parte, em *provas gravadas*, para além da especificação obrigatória dos meios de prova, há que distinguir duas situações:

– Se a gravação foi efectuada por meio (*equipamento*) que permite a identificação precisa e separada dos depoimentos, cumpre ao recorrente indicar com precisão as passagens da gravação onde se funda, sem embargo de ele mesmo proceder à respectiva transcrição;

– Se a gravação foi efectuada por meio (*equipamento*) que não permite a identificação precisa e separada dos depoimentos, recai sobre a parte o ónus de *transcrição* dos depoimentos, ao menos na parte relativa aos segmentos que, em seu entender, influam na decisão.

3.8. No que respeita aos *aspectos formais*, as alegações devem ou podem conter os seguintes elementos:

a) Subscrição das alegações pelo *comparte* não recorrente (art. 683.º, n.º 3, do CPC);

---

[67] Sobre a matéria cfr. ABRANTES GERALDES, *Recursos em Processo Civil – Novo Regime*, 3.ª ed., anot. aos arts. 685.º-B e 712.º do CPC.
Com referência ao processo do trabalho, cfr. o Ac. do STJ, de 14-7-10 (*www.dgsi.pt*), e FAUSTO LEITE, *Impugnação da decisão de facto do tribunal de 1.ª instância no processo do trabalho*, no *Prontuário do Direito do Trabalho*, n.ºs 76, 77 e 78.º, pág. 249 e segs.

b) Apresentação da *transcrição* dos depoimentos gravados, sendo esta obrigatória nos casos do art. 685.º-B, n.º 4, do CPC, e facultativa nos casos previstos no seu n.º 2;

c) Junção de *documentos*, de acordo com o regime constante do art. 693.º-B do CPC, e junção de *pareceres* (art. 525.º);

d) Indicação das *peças* processuais que devem instruir o apenso quando o recurso suba em separado (art. 83.º-A, n.º 2, do CPT, e art. 691.º-B do CPC);

e) Impugnação de *decisões interlocutórias* de que não tenha sido admitido recurso autónomo (art. 79.º-A, n.º 3, do CPT);

f) Subscrição das alegações pelo *patrono judiciário*, nos termos do art. 32.º, n.º 1, al. c), do CPC.

4. Pagamento da taxa de justiça

Quanto ao pagamento da *taxa de justiça* rege o disposto no art. 685.º-D do CPC, sob a epígrafe *"omissão do pagamento das taxas de justiça"*:

1. Quando o documento comprovativo da taxa de justiça devida ou da concessão do benefício do apoio judiciário não tiver sido junto ao processo no momento definido para esse efeito, a secretaria notifica o interessado para, em 10 dias, efectuar o pagamento omitido, acrescido de multa de igual montante, mas não inferior a 1 UC nem superior a 5 UC.
2. Quando, no termo do prazo de 10 dias referido no número anterior, não tiver sido junto ao processo o documento comprovativo do pagamento da taxa de justiça devida e da multa ou da concessão do benefício de apoio judiciário, o tribunal determina o desentranhamento da alegação, do requerimento [ou da resposta] **apresentada pela parte em falta.**
3. A parte que aguarde a decisão sobre a concessão do apoio judiciário deve, em alternativa, comprovar a apresentação do respectivo requerimento.

O preceito deve conjugar-se com o art. 7.º do RCP, de onde decorre que o pagamento da taxa de justiça é da responsabilidade exclusiva do recorrente, não fazendo sentido a alusão que no n.º 2 do art. 685.º-D continua a ser feita ao desentranhamento da *"resposta"* do recorrido, a qual é devida a lapso.

5. Contra-alegações

5.1. No CPC, uma vez apresentado o requerimento de interposição de recurso (com apresentação de alegações), o recorrente deve notificar directamente a parte contrária, momento a partir do qual se inicia o prazo para as contra-alegações (incluindo a possibilidade de interposição de recurso subordinado), nos termos do art. 229.º-A do CPC.

Porém, no foro laboral, persiste uma regulamentação específica. O art. 81.º, n.º 2, do CPT, continua a prever que a *notificação da parte contrária* fica a cargo da secretaria, resquício anacrónico de um sistema anterior em que todas as notificações eram intermediadas pela secretaria.

Ainda que o sistema no seu conjunto não seja o mais coerente, a preferência que necessariamente terá de ser dada aos dispositivos constantes do CPT leva a que se mantenha, ao menos nesta parte, o dever de *notificação oficiosa* por parte da secretaria.[68]

Importa notar que o início do prazo peremptório só ocorre depois de, nos termos do art. 24.º, n.º 4, do CPT, ser notificado o mandatário, o representante ou o patrono oficioso da parte.

5.2. Nas contra-alegações deve o recorrido exercer o *contraditório*. Para além de suscitar questões de natureza formal, designadamente atinentes à admissibilidade ou tempestividade do recurso ou à legitimidade do recorrente (art. 81.º, n.º 3, do CPT), poderá pronunciar-se sobre os aspectos de ordem substancial que integrem matéria de direito ou também matéria de facto (art. 81.º, n.º 2, do CPT, e arts. 685.º, n.º 5, e 685.º-B, n.º 3, do CPC).

Por aplicação supletiva do regime processual comum, poderá suscitar ainda qualquer outra questão que colida com a admissibilidade do recurso ou que seja susceptível de interferir no seu resultado.

5.3. O recorrido pode ainda beneficiar da faculdade de requerer a *ampliação do objecto* do recurso, nos termos que constam do art. 684.º-A

---

[68] Neste sentido cfr. ABÍLIO NETO, *CPT anot.*, 4.ª ed., pág. 199, e PALLA LIZARDO, *O processo laboral face à novíssima reforma do processo civil*, no *Prontuário do Direito do Trabalho*, do CEJ, n.ºs 74 e 75, págs. 192 e 193, e o Ac. da Rel. de Lisboa, de 23-2-05, CJ, tomo I, pág. 161.
Todavia, tal notificação revelar-se-á inútil se, entretanto, tiver ocorrido a notificação entre mandatários e, na sequência da mesma, o recorrido tiver apresentado as contra-alegações dentro do prazo legal.

do CPC, sob a epígrafe *"ampliação do âmbito do recurso a requerimento do recorrido"*:

**1. No caso de pluralidade de fundamentos da acção ou da defesa, o tribunal de recurso conhecerá do fundamento em que a parte vencedora decaiu, desde que esta o requeira, mesmo a título subsidiário, na respectiva alegação, prevenindo a necessidade da sua apreciação.
2. Pode ainda o recorrido, na respectiva alegação e a título subsidiário, arguir a nulidade da sentença ou impugnar a decisão proferida sobre pontos determinados da matéria de facto, não impugnados pelo recorrente, prevenindo a hipótese de procedência das questões por este suscitadas.
3. Na falta dos elementos de facto indispensáveis à apreciação da questão suscitada, pode o tribunal de recurso mandar baixar os autos, a fim de se proceder ao julgamento no tribunal onde a decisão foi proferida.**

O requerido pode exercer, a *título subsidiário*, a faculdade de arguir eventuais nulidades da sentença, impugnar a decisão da matéria de facto na parte em que lhe foi desfavorável ou invocar erro na aplicação do direito quanto a alguma questão suscitada. Acresce ainda a eventual impugnação de decisões interlocutórias em que o recorrido tenha ficado vencido e cuja resposta diversa da que foi dada pelo juiz *a quo* se mostre relevante para a improcedência do recurso e confirmação do resultado final.[69]

Com este mecanismo, o recorrido pode acautelar-se contra a eventual procedência das questões suscitadas pelo recorrente e evitar que a decisão recorrida acabe por ser anulada, revogada ou substituída a coberto da razão que porventura lhe assista em relação às questões por si suscitadas ou a outras de conhecimento oficioso. Pode, assim, o recorrido pôr-se a salvo da procedência do recurso, conseguindo a confirmação ou reforço da sentença recorrida, mediante uma diversa motivação fáctica ou jurídica, ou através do suprimento de eventuais nulidades da sentença.

---

[69] Trata-se de hipótese que a lei não prevê expressamente mas que encontra justificação em motivos de ordem racional e na necessidade de se respeitar o princípio da igualdade das partes, como se justifica em *Recursos em Processo Civil – Novo Regime*, 3.ª ed., anot. ao art. 684.º-A do CPC, tendo como pano de fundo o interesse que o recorrido poderá extrair, ainda que a título subsidiário, da eventual revogação ou anulação de decisões interlocutórias que o desfavoreceram.

5.4. Com as *contra-alegações*, de acordo com as circunstâncias, podem ou devem vir os seguintes elementos:[70]

a) Impugnação da *admissibilidade* ou da *tempestividade* do recurso, bem como da legitimidade ou de qualquer outro pressuposto específico dos recursos (art. 81.º, n.º 3, do CPT);

b) Invocação de algum *impedimento* a que se conheça do mérito do recurso (art. 704.º do CPC);[71]

c) Impugnação da decisão em relação a *meios de defesa* em que o recorrido decaiu para acautelar a sua eventual reapreciação (art. 684.º-A, n.º 1, do CPC);

d) Arguição expressa e separada de eventuais *nulidades* da decisão pelo recorrido, prevenindo a possibilidade da sua procedência, com reflexos no resultado do recurso (art. 684.º-A, n.º 2, do CPC);

e) Impugnação da decisão da *matéria de facto* quanto aos pontos que foram decididos contra o recorrido, a título subsidiário, prevenindo, de forma mais ampla, o resultado de que beneficiou com a decisão recorrida (art. 684.º-A, n.º 2, do CPC);

f) Impugnação de *decisões intercalares* em que o recorrido tenha ficado vencido e de que não pôde interpor recurso autónomo, nos termos do art. 691.º, n.º 3, do CPC, com vista a acautelar o eventual acolhimento dos fundamentos invocados pelo recorrente;

g) Apresentação necessária ou facultativa da *transcrição* de depoimentos gravados (art. 685.º-B, n.ºs 2 e 3, do CPC);

h) Junção de *documentos* (art. 693.º-B do CPC) ou de *pareceres* (art. 525.º do CPC);

---

[70] De acordo com o art. 7.º, n.º 2, do RCP, a taxa de justiça é da exclusiva responsabilidade do *recorrente*, tendo sido abolido o pagamento da taxa de justiça por parte do recorrido.

[71] A existência de pronúncia sobre o impedimento evita que, chegado o processo ao tribunal *ad quem*, o recorrido tenha de ser notificado, nos termos do art. 703.º, n.º 2, *ex vi*, art. 704.º, n.º 2.

i) Indicação de *peças* processuais que devem instruir o apenso quando a apelação suba em separado (art. 691.º-B, n.º 1, do CPC);

j) Pronúncia quanto ao *regime de subida* do recurso e quanto aos seus *efeitos*, de molde a influir na decisão do juiz *a quo* (art. 685.º-C, n.º 1, do CPC);[72]

l) Resposta ao requerimento de fixação de *efeito suspensivo* apresentado pelo recorrente (art. 83.º, n.º 3, do CPT);

m) Requerimento no sentido de o recorrente prestar *caução* (art. 693.º, n.º 2, do CPC);

n) Requerimento de *apensação* de recursos pendentes (art. 275.º-A do CPC);

o) Requerimento no sentido de o recurso de apelação ser apreciado *per saltum* pelo Supremo (art. 725.º, n.º 1, do CPC).

6. Recurso subordinado

6.1. Ficando vencidas ambas as partes, cada uma delas pode interpor recurso a título principal, desde que em relação ao respectivo segmento decisório se verifiquem os pressupostos da recorribilidade.

Mas a lei admite ainda que seja interposto *recurso subordinado*, manifestação que deve ocorrer dentro do prazo para a apresentação das contra-alegações (art. 81.º, n.º 4, do CPT).

O CPT é parco na regulamentação deste direito processual, a qual deve buscar-se no art. 682.º do CPC, com a epígrafe *"recurso independente e recurso subordinado"*:

1. Se ambas as partes ficarem vencidas, cada uma delas pode recorrer na parte que lhe seja desfavorável, podendo o recurso, nesse caso, ser independente ou subordinado.
2. O prazo de interposição do recurso subordinado conta-se a partir da notificação da interposição do recurso da parte contrária.

---

[72] Tal pronúncia dispensará ainda o relator de proceder à audiência do recorrido se, na decisão liminar, em sede do recurso, entender que deve ser modificado o efeito atribuído ao recurso pelo juiz *a quo*, nos termos do art. 703.º, n.º 2.

3. Se o primeiro recorrente desistir do recurso ou este ficar sem efeito ou o tribunal não tomar conhecimento dele, caduca o recurso subordinado, sendo todas as custas da responsabilidade do recorrente principal.

4. Salvo declaração expressa em contrário, a renúncia ao direito de recorrer ou a aceitação, expressa ou tácita, da decisão por parte de um dos litigantes não obsta à interposição do recurso subordinado, desde que a parte contrária recorra da decisão.

5. Se o recurso independente for admissível, o recurso subordinado também o será, ainda que a decisão impugnada seja desfavorável para o respectivo recorrente em valor igual ou inferior a metade da alçada do tribunal de que se recorre.

6.2. Como o revela a mencionada norma subsidiária, a posição do recorrente subordinado, fazendo jus a tal designação, é de natureza precária, já que o conhecimento das questões por ele suscitadas fica *dependente* não apenas da admissão do recurso principal, como ainda do seu prosseguimento. Além disso, caduca se a contraparte *desistir* do recurso principal, se este *ficar sem efeito* ou se o tribunal *ad quem* não tomar dele conhecimento por razões de ordem formal.

Contudo, uma vez afastados esses impedimentos, o *recurso subordinado* ganha autonomia, sendo as questões apreciadas pelo tribunal *ad quem* pela ordem que melhor se ajustar ao caso concreto. Aliás, a eventual improcedência do recurso principal não afasta a possibilidade de obter sucesso o recurso subordinado.

A vantagem do recurso subordinado liga-se ao pressuposto da recorribilidade em função do *valor*. Com efeito, basta que seja admitido o recurso principal para que também o seja o recurso subordinado, ainda que este não pudesse ser apresentado autonomamente por motivos ligados ao valor da sucumbência.

7. Junção de documentos

7.1. A junção de documentos em sede de recurso de apelação sempre esteve sujeita a limitações, devendo ser reequacionado o regime em face do que agora se dispõe no art. 693.º-B do CPC, sob a epígrafe *"junção de documentos"*:

> As partes apenas podem juntar documentos às alegações nas situações excepcionais a que se refere o artigo 524.º, no caso de a junção se ter tornado necessária em virtude do julgamento proferido na 1.ª instância e nos casos previstos nas alíneas a) a g) e i) a n) do n.º 2 do artigo 691.º.

7.1. Em sede de *recurso de apelação*, continua a ser legítimo às partes juntar documentos com as alegações quando a sua apresentação não tenha sido possível até esse momento (*superveniência objectiva ou subjectiva*). Outrossim quando se destinem a provar factos posteriores ou cuja apresentação se tenha tornado necessária por virtude de ocorrência posterior ao julgamento em 1.ª instância (art. 524.º).

A jurisprudência sobre esta matéria, a partir da apreciação do regime que constava dos arts. 524.º e 706.º, n.º 1, não hesitava em recusar a junção de documentos para provar factos que a parte sabia estarem sujeitos a prova,[73] não podendo servir de pretexto para a junção posterior a mera surpresa relativamente ao resultado.[74]

Podem ainda ser juntos documentos quando a sua necessidade apenas se revele em virtude do julgamento proferido, *maxime* quando o resultado seja de todo *surpreendente* relativamente ao expectável em face dos elementos constantes do processo, como já estava acautelado no anterior art. 706.º, n.º 1.

Porém, o art. 693.º-B prevê agora a instrução documental dos recursos a que se reportam as als. a) a g) e i) a n) do n.º 2 do art. 691.º do CPC sem tais restrições, sendo admissível a *junção de documentos* com as alegações ou contra-alegações, por exemplo, quando o recurso tenha por objecto decisão sobre competência absoluta ou relativa (al. b)), admissão ou rejeição de determinado meio de prova (al. i)) ou rejeição ou levantamento de providência cautelar (al. l)).[75]

---

[73] Cfr. os Acs. do STJ, de 27-6-00, CJ, tomo II, pág. 131, e de 18-2-03, CJSTJ, tomo I, pág. 103, ou o Ac. da Rel. de Coimbra, de 11-1-94, CJ, tomo I, pág. 16.

[74] Neste sentido cfr. o Ac. do STJ, de 3-3-89, BMJ 385.º/545.

[75] No Ac. da Rel. de Lisboa, de 19-5-08, *www.dgsi.pt*, relatado pelo signatário, decidiu-se precisamente que o preceituado no art. 693.º-B do CPC prevalece sobre as normas mais restritivas que regulam a tramitação dos procedimentos cautelares. Cfr. no mesmo sentido o Ac. da Rel. de Coimbra, de 23-9-08, (*www.dgsi.pt*).

Contudo, LEBRE DE FREITAS, *CPC anot.*, vol. III, tomo I, 2.ª ed., págs. 99 e 100, discorda daquela interpretação, sobrepondo ao elemento literal – que nos parece inequívoco – argumentos de ordem racional. Partindo de um elemento histórico ligado ao que se dispunha no anterior art. 743.º, n.º 3, considera que nenhuma razão justifica o estabelecimento de um regime especial para os casos a que a norma se refere.

Artigo 82.º
(Admissão, indeferimento ou retenção de recurso)

1 – O juiz mandará subir o recurso desde que a decisão seja recorrível, o recurso tenha sido interposto tempestivamente e o recorrente tenha legitimidade.

2 – Se o juiz não mandar subir o recurso, o recorrente pode reclamar.

3 – Recebida a reclamação, o juiz, no caso de a deferir, mandará subir o recurso.

4 – Se o juiz indeferir a reclamação, manda ouvir a parte contrária, salvo se tiver sido impugnada unicamente a admissibilidade do recurso, subindo ao tribunal superior para que o relator decida a questão no prazo de cinco dias.

5 – Decidida a admissibilidade ou tempestividade do recurso, este seguirá os seus termos normais.

Anterior redacção:

Artigo 82.º
(Admissão, indeferimento ou retenção de recurso)

1 – O juiz mandará subir o recurso desde que a decisão seja recorrível, o recurso tenha sido interposto tempestivamente e o recorrente tenha legitimidade.

2 – Se o juiz não mandar subir o recurso ou retiver um recurso que deva subir imediatamente, o recorrente pode reclamar.

3 – Recebida a reclamação, o juiz, no caso de a deferir, mandará subir o recurso.

4 – Se o juiz indeferir a reclamação, mandará ouvir a parte contrária, salvo se tiver sido impugnada unicamente a admissibilidade do recurso, subindo ao tribunal superior para que o presidente decida a questão no prazo de cinco dias.

5 – Decidida a admissibilidade ou tempestividade do recurso, seguirá este os seus termos normais, salvo se se tratar de recurso que pela sua natureza ou oportunidade não devesse subir imediatamente.

1. Intervenção do juiz *a quo*

1.1. O preceituado no art. 82.º do CPT acerca da intervenção do juiz *a quo* não é inteiramente coincidente com o previsto para os recursos cíveis.

O art. 685.º-C do CPC, sob a epígrafe *"despacho sobre o requerimento"*, prescreve que:

**1. Findos os prazos concedidos às partes para interpor recurso, o juiz emite despacho sobre o requerimento, ordenando a respectiva subida, excepto no caso previsto no n.º 3.
2. O requerimento é indeferido quando:**
a) Se entenda que a decisão não admite recurso, que este foi interposto fora de prazo ou que o requerente não tem as condições necessárias para recorrer;
b) Não contenha ou junte a alegação do recorrente ou quando esta não tenha conclusões.
**3. No despacho em que admite o recurso, deve o juiz solicitar ao Conselho Distrital da Ordem dos Advogados a nomeação de advogado aos ausentes, incapazes e incertos, quando estes não possam ser representados pelo Ministério Público, contando-se, neste caso, o prazo de resposta do recorrido a partir da notificação ao mandatário nomeado da sua designação.
4. Findo o prazo referido no número anterior, o juiz emite novo despacho a ordenar a subida do recurso.
5. A decisão que admita o recurso, fixe a sua espécie e determine o efeito que lhe compete não vincula o tribunal superior nem pode ser impugnada pelas partes, salvo na situação prevista no n.º 3 do artigo 315.º.**

1.2. Em regra, perante recurso interposto no âmbito do processo do trabalho, ao juiz apenas cabe determinar a *subida do recurso* ou negá-la, neste caso, com os fundamentos específicos contidos no n.º 1 do art. 82.º do CPT:

a) Irrecorribilidade da decisão, por qualquer dos fundamentos: proibição legal, valor da causa ou da sucumbência;

b) Extemporaneidade;

c) Falta de legitimidade.

1.3. Mas apesar da singeleza do preceito, outras decisões se podem integrar quando o juiz, depois de produzidas as alegações e contra-alegações, intervém no processo. É este o momento adequado para se pronunciar sobre outros aspectos que importa ponderar na fase liminar, desde os que derivam de preceitos do CPT aos que emergem do CPC e cuja aplicabilidade ao processo do trabalho não seja afastada.

Cumpre realçar, desde logo, a emissão de *despacho de aperfeiçoamento* do requerimento ou das alegações, nos termos prescritos pelos arts. 685.º-A, n.º 3, e 685.º-C do CPC.

Não sendo admissível despacho de aperfeiçoamento no que concerne às alegações relacionadas com a eventual impugnação da decisão da matéria de facto (cfr. o art. 685.º-B, em comparação com o art. 685.º-A), já não se vêem obstáculos a que, em face de imperfeições ou insuficiências no que respeita às conclusões de direito ou a outros aspectos formais, o juiz do foro laboral exerça os poderes previstos no processo civil, os quais mais se impõem neste domínio em que as razões de forma devem ceder perante as de justiça material, valorizando o direito substantivo, em detrimento do adjectivo.

1.4. No que concerne à *rejeição do recurso* por falta de alegações ou de conclusões das alegações o legislador terá pretendido para o processo do trabalho uma outra solução. Diferentemente do que consta do art. 685.º-C, tal possibilidade não se encontra prevista no art. 82.º do CPT, inculcando a sua redacção a ideia de limitar a rejeição de recurso aos casos taxativos.

Esta solução, não sendo isenta de críticas, pode encontrar alguma razão justificativa no elemento histórico e na especial celeridade que se pretende imprimir no processo do trabalho. Ter-se-á entendido que a decisão sobre os efeitos da não apresentação de alegações ou das conclusões seria tomada com mais celeridade pelo tribunal *ad quem*, evitando a dedução de reclamação dirigida ao tribunal superior.

1.5. Sobre o juiz recai o dever de fixar o *valor da causa* quando o recurso seja interposto antes do despacho saneador, nos termos do n.º 3 do art. 315.º do CPC, o que cumprirá no despacho que incida sobre o requerimento de interposição do recurso.

Esta intervenção encontra específica previsão no art. 98.º-P, n.º 3, do CPT, que regula o processo especial de impugnação da ilicitude ou regularidade de despedimento.

1.6. Nos termos do art. 77.º do CPT, as *nulidades da sentença* (ou de qualquer outra decisão) devem ser arguidas expressa e separadamente no requerimento de interposição de recurso, formalidade que se explica por razões de economia e de celeridade processuais, tendo em vista facilitar a sua apreensão pelo juiz e habilitá-lo a proceder ao seu eventual suprimento antes de ordenar a subida do recurso.

Tal arguição não se basta com a mera enunciação dos preceitos legais em que se fundam as nulidades, devendo ser o corolário de considerações nesse sentido.[76]

Segundo o n.º 3 do art. 77.º, quando as nulidades sejam arguidas juntamente com a interposição de recurso, a competência para a sua apreciação cabe ao tribunal superior, mas *"o juiz pode sempre suprir a nulidade antes da subida do recurso"*.

A redacção do preceito não corresponde inteiramente à do art. 670.º do CPC, cujo n.º 1 determina que o juiz, em tais circunstâncias, *"deve"* apreciar as arguidas nulidades no despacho que se pronuncia sobre a admissão do recurso e sobre a respectiva ordem de remessa, sob pena de, nos termos do n.º 4, o relator mandar baixar o processo para que o despacho seja proferido.

A diferença verbal que se constata (aqui um dever, além um poder), tem levado a doutrina a concluir que no processo do trabalho não é obrigatória a pronúncia do juiz *a quo* sobre as nulidades arguidas expressa e separadamente no requerimento de interposição do recurso.[77]

2. Reclamação contra a rejeição do recurso

2.1. O modo como se encontra regulada a reclamação contra o despacho em que o juiz recusa ordenar a subida do recurso para o tribunal superior também não coincide inteiramente com o que está previsto para o processo civil.

Nos termos do art. 688.º do CPC, sob a epígrafe *"reclamação contra o indeferimento"*:

1. Do despacho que não admita o recurso pode o recorrente reclamar para o tribunal que seria competente para dele conhecer no prazo de 10 dias contados da notificação da decisão.

2. O recorrido pode responder à reclamação apresentada pelo recorrente, em prazo idêntico ao referido no número anterior.

---

[76] M.ª José Costa Pinto, *Recursos em processo laboral*, em *Estudos do Instituto de Direito do Trabalho*, vol. V, pág. 114, citando jurisprudência.

[77] Neste sentido cfr. M.ª José Costa Pinto, *Recursos em processo laboral*, em *Estudos do Instituto de Direito do Trabalho*, vol. V, pág. 117 e 118, entendimento semelhante ao defendido por Abílio Neto, *CPT anot.*, 4.ª ed., pág. 169.

3. A reclamação, dirigida ao tribunal superior, é apresentada na secretaria do tribunal recorrido, autuada por apenso aos autos principais e é sempre instruída com o requerimento de interposição do recurso e as alegações, a decisão recorrida e o despacho objecto de reclamação.
4. A reclamação é apresentada logo ao relator, que, no prazo de 10 dias, profere decisão que admita o recurso ou mantenha o despacho reclamado.
5. Se o relator não se julgar suficientemente elucidado com os documentos referidos no n.º 3, pode requisitar ao tribunal recorrido os esclarecimentos ou as certidões que entenda necessários.
6. Se o recurso for admitido, o relator requisita o processo principal ao tribunal recorrido, que o deve fazer subir no prazo de 10 dias.

2.2. O novo sistema não comporta a existência de recursos com subida diferida. Por isso, interposto recurso, o juiz ou o admite ou o rejeita. Admitindo o recurso, deve ordenar a sua remessa para o tribunal *a quo*, nos próprios autos ou em separado, consoante o regime que legalmente lhe corresponda.

Da decisão do juiz que não admita o recurso pelos fundamentos previstos cabe reclamação para o tribunal *ad quem*.[78]

O prazo de reclamação é de 10 dias (art. 688.º, n.º 1).

Numa primeira fase da reclamação não existe contraditório. Por isso, se o juiz a deferir, determinará a subida do recurso, sem embargo da reavaliação da sua admissibilidade pelo tribunal da Relação.

Indeferida a reclamação pelo juiz *a quo*, a tramitação posterior depende dos fundamentos invocados. Se o reclamante tiver impugnado a decisão com fundamento na admissibilidade do recurso, a reclamação subirá de imediato ao tribunal superior para ser apreciada em 5 dias. Já se tiverem sido suscitadas outras questões (*v.g.* prazo de interposição ou legitimidade), será ouvida a parte contrária para se pronunciar, subindo depois da reclamação ao tribunal superior.

Decidida no tribunal superior a admissibilidade ou tempestividade do recurso, o processo corre a sua normal tramitação.

---

[78] Existe uma desconexão entre a epígrafe do art. 82.º do CPT e o texto do normativo, pois que, deixando de haver casos de recursos que fiquem retidos depois de admitido, não faz sentido a enunciação da possibilidade de reclamar da indevida retenção.

Uma conduta do juiz que porventura se traduza em não ordenar a subida de um recurso de apelação oportunamente admitido deve ser combatida através de outras medidas: despoletando uma decisão através da apresentação do requerimento naquele sentido, decisão essa sujeita também a recurso, sem embargo da promoção de outras medidas quando a conduta do juiz traduza o incumprimento de deveres legais.

Nos termos do *anterior* art. 689.º, a decisão da reclamação (da competência do Presidente do tribunal superior) não poderia ser impugnada: era definitiva quando culminasse com o indeferimento da reclamação; era provisória no caso contrário, ainda que não vinculasse o relator e respectivos adjuntos que fossem chamados a apreciar o recurso.

Tal preceito foi revogado, de modo que, nos termos do art. 700.º, n.º 2, da decisão do relator, seja no sentido do deferimento, seja do indeferimento, é sempre admissível *reclamação para a conferência*.[79] Já do acórdão que venha a ser proferido não cabe recurso de revista, por falta de integração no leque de decisões que constam do art. 721.º.

---

[79] Para mais desenvolvimentos cfr. ABRANTES GERALDES, *Recursos em Processo Civil – Novo Regime*, 3.ª ed., anot. ao art. 688.º do CPC.

Artigo 83.º
(Efeito dos recursos)

1 – A apelação tem efeito meramente devolutivo, sem necessidade de declaração.

2 – O recorrente pode obter o efeito suspensivo se no requerimento de interposição de recurso requerer a prestação de caução da importância em que foi condenado por meio de depósito efectivo na Caixa Geral de Depósitos, ou por meio de fiança bancária ou seguro-caução.

3 – A apelação tem ainda efeito suspensivo nos casos previstos nas alíneas b) a e) do n.º 3 do art. 692.º do Código de Processo Civil e nos demais casos previstos na lei.

4 – O juiz fixa prazo, não excedente a 10 dias, para a prestação de caução e se esta não for prestada no prazo fixado, a sentença pode ser desde logo executada.

5 – O incidente de prestação de caução referido no n.º 2 (*) é processado nos próprios autos.

* *A referência ao n.º 1 é devida a lapso manifesto que advém do facto de na redacção anterior o incidente de prestação de caução estar regulado no n.º 1 entretanto subdividido em dois preceitos.*

Anterior redacção:

Artigo 83.º
(Efeito dos recursos)

1 – A apelação tem efeito meramente devolutivo, sem necessidade de declaração; o apelante poderá, contudo, obter o efeito suspensivo se, no requerimento de interposição de recurso, requerer a prestação de caução da importância em que foi condenado por meio de depósito efectivo na Caixa Geral de Depósitos, ou por meio de fiança bancária.

2 – O juiz fixará prazo, não excedente a 10 dias, para a prestação de caução; se esta não for prestada no prazo fixado, a sentença poderá ser desde logo executada.
3 – O incidente de prestação de caução referido no n.º 1 é processado nos próprios autos.
4 – Tem efeito suspensivo o agravo que suba imediatamente.

1. Efeito da apelação

1.1. Nos recursos de apelação no processo do trabalho o efeito-regra é *meramente devolutivo*, o que historicamente se explica pela frequência com que o trabalhador surge na posição de sujeito processual activo com especial interesse na efectivação da eventual sentença condenatória do empregador.

Trata-se de um regime que favorece a eficácia na resposta judiciária tanto mais indispensável quanto é certo que os interesses que no processo laboral se discutem reclamam o máximo encurtamento do período que medeia entre o surgimento do conflito e a sua resolução. Deste modo, a decisão proferida pode ser executada ou produzir os efeitos a que a mesma se destinar ainda antes de transitar em julgado.

1.2. Esta tendência vem influenciando também o processo civil, como resulta do actual art. 692.º do CPC, com a epígrafe *"efeito da apelação"* com o seguinte teor:[80]

1. A apelação tem efeito meramente devolutivo, excepto nos casos previstos nos números seguintes.
2. A apelação tem efeito suspensivo do processo nos casos previstos na lei.
3. Tem efeito suspensivo da decisão a apelação:
   a) Da decisão que ponha termo ao processo em acções sobre o estado das pessoas;
   b) Da decisão que ponha termo ao processo nas acções referidas no n.º 3 do artigo 678.º e nas que respeitem à posse ou à propriedade da casa de habitação.
   c) Do despacho de indeferimento do incidente processado por apenso;
   d) Do despacho que indefira liminarmente ou não ordene a providência cautelar.
   e) Das decisões previstas as alíneas c), d) e e) do n.º 2 do artigo 691.º;
   f) Nos demais casos previstos por lei.

---

[80] Para mais desenvolvimentos cfr. ABRANTES GERALDES, *Recursos em Processo Civil – Novo Regime*, 3.ª ed., anot. ao art. 692.º do CPC.
Cfr. SOUSA PINHEIRO, *Perspectiva geral das alterações ao CPT*, no *Prontuário do Direito do Trabalho*, n.º 84, págs. 179 e segs.

4. Fora dos casos previstos no número anterior, o recorrente pode requerer, ao interpor o recurso, que a apelação tenha efeito suspensivo quando a execução da decisão lhe cause prejuízo considerável e se ofereça para prestar caução, ficando a atribuição desse efeito condicionada à efectiva prestação da caução no prazo fixado pelo tribunal e ao disposto no n.º 3 do artigo 818.º.

1.3 O que distingue o regime do efeito do recurso de apelação no processo do trabalho e no processo civil é que naquele nem sequer carece de ser enunciado pelo juiz, prevendo-se o efeito suspensivo apenas para situações tipificadas ou, nos termos do n.º 2, a requerimento do recorrente.

Assim, a não ser que a lei atribua expressamente efeito suspensivo ao recurso ou que se admita que este possa ser fixado a requerimento do requerente, o mesmo seguirá com efeito meramente devolutivo, sem necessidade de qualquer declaração judicial.

2. Apelações com efeito suspensivo

2.1. O *efeito suspensivo* directo está previsto para as seguintes apelações:

a) Decisões proferidas em acções que respeitem à *posse* ou à *propriedade de casa de habitação* (art. 83.º, n.º 3, do CPT, e arts. 692.º, n.º 3, al. b), e 678.º, n.º 3, al. a), do CPC).

Atenta a delimitação da competência material dos tribunais do trabalho, apenas será viável a aplicação desta norma em situações em que o contrato de trabalho implique a cedência de casa de habitação, direito que se tenha extinguido por alguma via, *maxime* pela extinção da relação laboral devida a despedimento ou a caducidade.

b) Despacho de indeferimento do *incidente* processado por apenso (art. 83.º, n.º 3, do CPT, e art. 692.º, n.º 3, al. c), do CPC).

Correm por apenso, por exemplo, os embargos de terceiro ou a habilitação. Outrossim a fixação da incapacidade nos acidentes de trabalho nos casos resultantes dos arts. 126.º, n.º 2, e 138.º, n.º 1, do CPT, a revisão de incapacidade (art. 145.º, n.º 7, do CPT) ou a declaração de caducidade do direito a pensões (arts. 152.º e 153.º do CPT).

c) Despacho que indefira liminarmente ou não ordene *providência cautelar* (art. 83.º, n.º 3, do CPT, e art. 692.º, n.º 3, al. d), do CPC).

d) Decisão que aplique *multa* (art. 83.º, n.º 3, do CPT, e arts. 692.º, n.º 3, al. e), e 691.º, n.º 2, al. c), do CPC).

e) Decisão que condene no cumprimento de *obrigação pecuniária* (art. 83.º, n.º 3, do CPT, e arts. 692.º, n.º 3, al. e), e 691.º, n.º 2, al. d), do CPC).[81]

f) Decisão que ordene o cancelamento de qualquer *registo* (art. 83.º, n.º 3, do CPT, e arts. 692.º, n.º 3, al. e), e 691.º, n.º 2, al. e), do CPC).

g) Outros casos *previstos na lei* (art. 83.º, n.º 3, *in fine*, do CPT).

2.2. De entre os *"casos previstos na lei"* importa realçar:

a) O recurso da sentença proferida na acção com processo especial de *impugnação de estatutos, deliberações de assembleias gerais ou actos eleitorais* (art. 167.º do CPT).

b) O recurso da decisão de mérito proferida no âmbito da acção com processo especial de *anulação e interpretação de CCT* (art. 185.º, n.º 3, do CPT).

c) O recurso da decisão condenatória no âmbito da acção com processo especial de *impugnação da confidencialidade de informações ou da recusa da sua prestação ou da realização de consultas* (art. 186.º-C, n.º 3, do CPT).

d) O recurso da decisão que determinar a *suspensão de despedimento* quando o recorrente preste caução, nos termos do art. 40.º, n.º 2, do CPT.

2.3. A lei admite que seja atribuído *efeito suspensivo* ao recurso de apelação nos casos do art. 83.º, n.º 2.

Tal pretensão não é extensiva à generalidade dos recursos de apelação, mas apenas aos que se reportarem a decisões (sentenças ou outros despachos com semelhante valor) que tenham condenado o recorrente no pagamento de determinada importância.[82]

---

[81] É claro que esta decisão não se confunde com a sentença ou com o despacho saneador condenatório, envolvendo, isso, sim, outras decisões que, no âmbito do processo, importem a obrigação de efectuar o pagamento de alguma quantia.

Desta norma exclui-se também a decisão que fixa a indemnização ou pensão provisória, prevalecendo o regime da irrecorribilidade que está previsto no art. 123.º do CPT.

[82] Excluem-se as decisões interlocutórias que condenem no pagamento de determinada importância, às quais se reporta o art. 83.º, n.º 3, do CPT, com remissão para o art. 692.º, n.º 3, al. e), e para o art. 691.º, n.º 2, sl. d), do CPC.

O recorrente, aquando da interposição de recurso, pode requerer a prestação de caução, devendo justificar o cálculo do quantitativo, especialmente nos casos em que a condenação seja ilíquida ou parcialmente ilíquida.

O recorrido é ouvido, podendo pronunciar-se juntamente com a apresentação das contra-alegações.

Só depois o juiz se pronunciará para:

a) Apreciar se a decisão admite a prestação de caução;

b) Verificar se o recorrente se propõe prestar caução por meio de depósito efectivo (na Caixa Geral de Depósitos), fiança bancária ou seguro-caução;

c) Verificar se o *valor* que o recorrente se propõe caucionar envolve toda a quantia em que foi condenado.

Para o efeito, deve ter-se em conta a doutrina fixada pelo *Ac. de Uniformização de Jurisprudência do STJ n.º 6/06*, de 13-9-06, no D.R., 1.ª Série de 24-10-06, segundo o qual:

"O montante da caução que a parte tem a faculdade de prestar, nos termos do art. 79.º, n.º 1, do CPT de 1981, para obter o efeito suspensivo do recurso de apelação, deve corresponder ao quantitativo provável do crédito, abrangendo quer a parte líquida quer a parte ilíquida da condenação".

d) Fixar *prazo* para a prestação de caução, o qual não deve exceder 10 dias.

Deferida a prestação de caução, o recorrente deve prestá-la no prazo fixado, sob pena de poder ser executada a decisão.

2.4. Uma vez que o CPT não esgota todos os aspectos ligados aos efeitos do recurso de apelação, importa atentar ainda noutras normas do CPC que intervêm subsidiariamente.

Assim, nos termos do art. 692.º-A do CPC, com a epígrafe *"termos a seguir no pedido de atribuição do efeito suspensivo"*:[83]

1. No recurso previsto no n.º 4 do artigo anterior, a atribuição do efeito suspensivo extingue-se se o recurso estiver parado durante mais de 30 dias por negligência do apelante.

2. Ao pedido de atribuição de efeito suspensivo pode o apelado responder na sua alegação.

---

[83] Para mais desenvolvimentos cfr. ABRANTES GERALDES, *Recursos em Processo Civil – Novo Regime*, 3.ª ed., anot. ao art. 692.º-A.º do CPC.

Por seu lado, nos termos do art. 693.º do CPC, com a epígrafe *"traslado e exigência de caução"*:[84]

1. O apelado pode requerer a todo o tempo a extracção do traslado, com indicação das peças que, além da sentença, ele deva abranger.
2. Não querendo, ou não podendo, obter execução provisória da sentença, o apelado que não esteja já garantido por hipoteca judicial pode requerer, na alegação, que o apelante preste caução.

O recurso ao disposto no art. 693.º-A relativo à *"caução"* é praticamente dispensável, atento o teor do art. 83.º, n.º 4, do CPT, de uso prioritário.

Ainda assim, o teor daquele artigo é o seguinte:

1. Se houver dificuldade na fixação da caução a que se refere o n.º 4 do artigo 692.º e o n.º 2 do artigo 693.º, calcula-se o seu valor mediante avaliação feita por um único perito nomeado pelo juiz.
2. Se a caução não for prestada no prazo de 10 dias após o despacho previsto no artigo 685.º-C, extrai-se traslado, com a sentença e outras peças que o juiz considere indispensáveis para se processar o incidente, seguindo a apelação os seus termos.

---

[84] Para mais desenvolvimentos cfr. ABRANTES GERALDES, *Recursos em Processo Civil – Novo Regime*, 3.ª ed., anot. ao art. 693.º do CPC.

Artigo 83.º-A
(Subida dos recursos)

1 – Sobem nos próprios autos as apelações das decisões previstas no n.º 1 do artigo 691.º-A do Código de Processo Civil.
2 – Sobem em separado as apelações não compreendidas no número anterior.

---

1. Regime de subida da apelação

1.1. O regime de subida dos recursos de apelação é paralelo ao que vigora no processo civil e que consta do art. 691.º-A do CPC, com a epígrafe *"modo de subida"*:

1. Sobem nos próprios autos as apelações interpostas:
a) Das decisões que ponham termo ao processo;
b) Das decisões que suspendam a instância;
c) Das decisões que indefiram o incidente processado por apenso;
d) Das decisões que indefiram liminarmente ou não ordenem a providência cautelar.
2. Sobem em separado as apelações não compreendidas no número anterior.
3. Formam um único processo as apelações que subam conjuntamente, em separado dos autos principais.

1.2. A leitura do preceito deixa clara a justificação da solução, pois que a subida nos próprios autos abarca os casos em que nada justifica a manutenção do processo no tribunal *a quo*.

Assim acontece quando a decisão põe termo ao processo, quando tenha sido indeferido o incidente processado por apenso ou quando a providência cautelar tenha sido liminarmente indeferida ou julgada improcedente.[85]

---

[85] Para mais desenvolvimentos cfr. ABRANTES GERALDES, *Recursos em Processo Civil – Novo Regime*, 3.ª ed., anot. ao art. 693.º do CPC.

1.3. Nos demais casos não expressamente assinalados, persistindo interesse na manutenção do processo, do procedimento ou do apenso incidental no tribunal *a quo*, para efeitos de se seguir a tramitação que em cada caso lhes corresponder, os recursos de apelação sobem em separado, formando-se um único apenso se forem vários os recursos.

2. Instrução do recurso com subida em separado

Nada sendo referido no CPT, segue-se o disposto no art. 691.º-B do CPC com a epígrafe *"instrução do recurso com subida em separado"*:

1. Na apelação com subida em separado, as partes indicam, após as conclusões das alegações, as peças do processo de que pretendem certidão para instruir o recurso.

2. No caso previsto no número anterior, os mandatários procedem ao exame do processo através da página informática de acesso público do Ministério da Justiça, nos termos definidos na portaria prevista no artigo 138.º-A, devendo a secretaria facultar, durante o prazo de cinco dias, as peças processuais, documentos e demais elementos que não estiverem disponíveis na referida página informática.

3. As peças do processo disponibilizadas por via electrónica valem como certidão para efeitos de instrução do recurso.

Artigo 87.º
(Julgamento dos recursos)

1 – O regime do julgamento dos recursos é o que resulta, com as necessárias adaptações, das disposições do Código de Processo Civil que regulamentam o julgamento do recurso de apelação e de revista.

2 – Sem prejuízo do disposto no número anterior, quando funcionar como tribunal de revista, o Supremo Tribunal de Justiça tem os poderes estabelecidos no Código de Processo Civil.

3 – Antes do julgamento dos recursos, o Ministério Público, não sendo patrono ou representante de qualquer das partes, tem vista no processo para, em 10 dias, emitir parecer sobre a decisão final a proferir, devendo observar-se, em igual prazo, o contraditório.

Anterior redacção:

Artigo 87.º
(Julgamento dos recursos)

1 – O regime do julgamento dos recursos é o que resulta, com as necessárias adaptações, das disposições do Código de Processo Civil que regulamentam o julgamento do recurso de agravo, quer interposto na 1.ª instância, quer na 2.ª instância, conforme os casos.

2 – Sem prejuízo do disposto no número anterior, quando funcionar como tribunal de revista, o Supremo Tribunal de Justiça tem os poderes estabelecidos no Código de Processo Civil.

3 – Antes do julgamento dos recursos, o Ministério Público, não sendo patrono ou representante de qualquer das partes, tem vista no processo para, em 10 dias, emitir parecer sobre a decisão final a proferir, devendo observar-se, em igual prazo, o contraditório.

1. Tramitação da apelação no Tribunal da Relação

1.1. Uma vez completada a fase da interposição do recurso no tribunal de 1.ª instância, o juiz *a quo* determina a sua remessa para o Tribunal da Relação.

A primeira diligência feita no Tribunal da Relação corresponde à *distribuição* do recurso de acordo com o regime prescrito para o processo civil.

1.2. Determinado o *relator*, cumpre-lhe proceder à apreciação liminar do recurso, nos termos previstos nos arts. 700.º e segs. do CPC.

Importa sobremaneira fixar os *poderes do relator* que se encontram condensados no art. 700.º (*"função do relator"*), com a seguinte redacção:[86]

> 1. O juiz a quem o processo for distribuído fica a ser o relator, incumbindo-lhe deferir todos os termos do recurso até final, designadamente:
> a) Corrigir o efeito atribuído ao recurso e o respectivo modo de subida, ou convidar as partes a aperfeiçoar as conclusões das respectivas alegações, nos termos do n.º 3 do artigo 685.º-A;
> b) Verificar se alguma circunstância obsta ao conhecimento do recurso;
> c) Julgar sumariamente o objecto do recurso, nos termos previstos no artigo 705.º;
> d) Ordenar as diligências que considere necessárias;
> e) Autorizar ou recusar a junção de documentos e pareceres;
> f) Julgar os incidentes suscitados;
> g) Declarar a suspensão da instância;
> h) Julgar extinta a instância por causa diversa do julgamento ou julgar findo o recurso, por não haver que conhecer do seu objecto.
> 2. Na decisão do objecto do recurso e das questões a apreciar em conferência intervêm, pela ordem de antiguidade no tribunal, os juízes seguintes ao relator.
> 3. Salvo o disposto no artigo 688.º, quando a parte se considere prejudicada por qualquer despacho do relator, que não seja de mero expediente, pode requerer que sobre a matéria do despacho recaia acórdão; o relator deve submeter o caso à conferência, depois de ouvida a parte contrária.
> 4. A reclamação deduzida é decidida no acórdão que julga o recurso, salvo quando a natureza das questões suscitadas impuser decisão imediata, sendo, neste caso, aplicável, com as necessárias adaptações, o disposto nos n.ºs 2 a 4 do artigo 707.º.
> 5. Do acórdão da conferência pode a parte que se considere prejudicada recorrer nos termos gerais previstos na segunda parte do n.º 4 do artigo 721.º.

---

[86] Para mais desenvolvimentos cfr. ABRANTES GERALDES, *Recursos em Processo Civil – Novo Regime*, 3.ª ed., anot. ao art. 700.º do CPC.

1.3. De acordo com a tramitação *formalmente* prevista, os passos fundamentais são os seguintes:

a) *Distribuição* do processo e autuação;

b) *Intervenção liminar* do relator com vista ao saneamento e controlo dos aspectos fundamentais;

c) Decisão das *questões preliminares*;

d) Opção pela *decisão sumária* individual, nos termos do art. 705.º, ou início do prazo de 30 dias para elaboração do projecto;

e) Inscrição do processo em *tabela* logo que o relator disponha do projecto (art. 709.º, n.º 1);

f) *Vista* simultânea aos adjuntos, por meios electrónicos (Portaria n.º 114/08, de 6 de Fevereiro), pelo prazo de 5 dias, determinada na semana anterior à da inscrição do processo em tabela (art. 707.º, n.º 2, 1.ª parte).[87]

Não sendo a mesma viável, vista simultânea, pelo prazo de 5 dias, mediante distribuição de cópias do projecto e das peças processuais relevantes (art. 707.º, n.º 2, 2.ª parte), ou vista separada a cada um dos adjuntos quando tal se revelar conveniente em face do disposto no art. 707.º, n.º 3.

Atenta a natureza das questões a decidir (simplicidade, repetição, manifesta improcedência, etc.), podem ser *dispensados* os vistos, desde que os adjuntos, em momento oportuno, manifestem, de forma expressa ou tácita, a sua concordância.[88]

1.4. De entre os *poderes* atribuídos ao relator conta-se o de verificação do modo de subida do recurso, nos termos que estão prescritos pelo art. 702.º do CPC, com a epígrafe *"erro no modo de subida do recurso"*:

1. Se o recurso tiver subido em separado, quando devesse subir nos próprios autos, requisitam-se estes ao tribunal recorrido.
2. Decidindo o relator, inversamente, que o recurso que subiu nos próprios autos deveria ter subido em separado, o tribunal notifica as partes para indicarem as peças necessárias à instrução do recurso, as quais são autuadas com o requerimento de interposição do recurso e com as alegações, baixando, em seguida, os autos principais à 1.ª instância.

---

[87] Muito raramente a verificação dos vistos pode compatibilizar-se com o agendamento do julgamento para a sessão imediatamente posterior.

[88] A assinatura do acórdão, sem qualquer menção, implica obviamente *concordância tácita* quanto à dispensa de vistos.

1.5. Outro aspecto que merece atenção é o da verificação do *efeito do recurso*, ainda que seja questão pouco frequente no processo do trabalho, atento o regime-regra fixado no art. 83.º, n.º 1, do CPT.

Quando tal se justificar, cumpre ao relator atentar no disposto no art. 703.º do CPC (*"erro quanto ao efeito do recurso"*):

1. Se o relator entender que deve alterar-se o efeito do recurso, deve ouvir as partes, antes de decidir, no prazo de cinco dias.
2. Se a questão tiver sido suscitada por alguma das partes na sua alegação, o relator apenas ouve a parte contrária que não tenha tido oportunidade de responder.
3. Decidindo se que à apelação, recebida no efeito meramente devolutivo, deve atribuir se efeito suspensivo, expedir se á ofício, se o apelante o requerer, para ser suspensa a execução. O ofício conterá unicamente a identificação da sentença cuja execução deve ser suspensa.
4. Quando, ao invés, se julgue que a apelação, recebida nos dois efeitos, devia sê lo no efeito meramente devolutivo, o relator mandará passar traslado, se o apelado o requerer: o traslado, que baixa à 1.ª instância, conterá somente o acórdão e a sentença recorrida, salvo se o apelado requerer que abranja outras peças do processo.

1.6. Podem ocorrer circunstâncias que se sobrepõem aos aspectos ligados ao efeito e modo de subida.

Assim ocorre quando não estejam reunidas as condições para se conhecer do objecto do recurso, nos termos que constam do art. 704.º do CPC com a epígrafe *"não conhecimento do objecto do recurso"*:

1. Se entender que não pode conhecer-se do objecto do recurso, o relator, antes de proferir decisão, ouvirá cada uma das partes, pelo prazo de 10 dias.
2. Sendo a questão suscitada pelo apelado, na sua alegação, é aplicável o disposto no n.º 2 do artigo 703.º.

1.7. Mais frequentes serão os casos em que o recurso seja susceptível de ser submetido a *decisão imediata*, sumária e individual do relator, nas circunstâncias previstas no art. 705.º do CPC com a epígrafe *"decisão liminar do objecto do recurso:*[89]

Quando o relator entender que a questão a decidir é simples, designadamente por ter já sido jurisdicionalmente apreciada, de modo uniforme e reiterado, ou que o recurso é manifestamente infundado, profere decisão sumária, que pode consistir em simples remissão para as precedentes decisões, de que se juntará cópia.

Ainda assim, não poderá deixar de cumprir a regra específica do foro laboral que implica o *visto do Ministério Público* (art. 87.º, n.º 3, do CPT).

---

[89] Para mais desenvolvimentos cfr. ABRANTES GERALDES, *Recursos em Processo Civil – Novo Regime*, 3.ª ed., anot. ao art. 705.º do CPC.

1.8. Ultrapassadas as questões relacionadas com a correcção de aspectos formais e não havendo razões para se optar por uma decisão individual do relator, cabe-lhe realizar os actos de preparação do processo para ser submetido ao julgamento do colectivo, nos termos que constam do art. 707.º do CPC com a epígrafe *"preparação da decisão"*:[90]

> **1.** Decididas as questões que devam ser apreciadas antes do julgamento do objecto do recurso, se não se verificar o caso previsto no artigo 705.º, o relator elabora o projecto de acórdão no prazo de 30 dias.
> **2.** Na sessão anterior ao julgamento do recurso, o processo, acompanhado com o projecto de acórdão, vai com vista simultânea, por meios electrónicos, aos dois juízes-adjuntos, pelo prazo de cinco dias, ou, quando tal não for tecnicamente possível, o relator ordena a extracção de cópias do projecto de acórdão e das peças processuais relevantes para a apreciação do objecto da apelação.
> **3.** Se o volume das peças processuais relevantes tornar excessivamente morosa a extracção de cópias, o processo vai com vista aos dois juízes-adjuntos, pelo prazo de cinco dias a cada um.
> **4.** Quando a natureza das questões a decidir ou a necessidade de celeridade no julgamento do recurso o aconselhem, pode o relator, com a concordância dos adjuntos, dispensar os vistos.

1.9. Antes do julgamento na data da colocação em *tabela*, poderá justificar-se atentar em sugestões apresentadas por algum dos juízes adjuntos, nos termos que constam do art. 708.º do CPC com a epígrafe *"sugestões dos adjuntos"*:

> **1.** Se qualquer dos actos compreendidos nas atribuições do relator for sugerido por algum dos adjuntos, cabe ao relator ordenar a sua prática, se com ela concordar, ou submetê-la à conferência, no caso contrário.
> **2.** Realizada a diligência, podem os adjuntos ter nova vista, sempre que necessário, para examinar o seu resultado.

1.10. O art. 275.º-A do CPC passou a prever a possibilidade de ser determinada a *apensação de processos* em fase de recurso.

Como a apensação não é uma figura estranha ao processo laboral, estando, aliás, prevista no art. 31.º do CPT, não existe razão alguma que vede a aplicação daquele preceito no foro laboral.

---

[90] Para mais desenvolvimentos cfr. ABRANTES GERALDES, *Recursos em Processo Civil – Novo Regime*, 3.ª ed., anot. ao art. 707.º do CPC.

2. Julgamento

2.1. Como formalidade especial prevista no CPT, assinala-se a apresentação do processo com vista ao *Ministério Público* nos casos em que este não patrocine nenhuma das partes.

Trata-se de uma demonstração do especial interesse do Estado no sentido de serem efectivamente tutelados os interesses dos trabalhadores, procurando compensar de alguma forma o natural desequilíbrio que em grande parte das situações se verifica.

2.2. Efectuada a referida diligência, se acaso o Ministério Público emitir parecer sobre o caso concreto, deve respeitar-se o *contraditório*, admitindo-se que a parte contrária possa responder.

2.3. Só depois é proferida decisão individual (art. 705.º do CPC) ou determinada a inscrição do processo em *tabela*, observando-se o que está previsto no art. 709.º com a epígrafe *"julgamento do objecto do recurso"*:[91]

1. O processo é inscrito em tabela logo que se mostre decorrido o prazo para o relator elaborar o projecto de acórdão.
2. *(Revogado)*
3. No dia do julgamento, o relator faz sucinta apresentação do projecto de acórdão e, de seguida, dão o seu voto os juízes-adjuntos, pela ordem da sua intervenção no processo.
4. *(Revogado)*
5. A decisão é tomada por maioria, sendo a discussão dirigida pelo presidente, que desempata quando não possa formar-se maioria.

Decorrido o prazo de 30 dias para a elaboração do projecto de acórdão, o processo é inscrito em *tabela* (art. 709.º, n.º 1).

2.4. O *teor do acórdão* varia naturalmente em função do objecto do recurso que é circunscrito pelas alegações e pelas respectivas conclusões,[92] variando consoante se restrinja a questões de direito ou envolva também questões de facto.

---

[91] Para mais desenvolvimentos cfr. ABRANTES GERALDES, *Recursos em Processo Civil – Novo Regime*, 3.ª ed., anot. ao art. 709.º do CPC.

[92] Sem embargo da apreciação de questões de *conhecimento oficioso*, como se decidiu no Ac. do STJ, de 28-4-10 (*www.dgsi.pt*).

Quando o recorrente impugnar a decisão da *matéria de facto*, cumpre à Relação observar o que determina o art. 712.º com a epígrafe *"modificabilidade da decisão de facto"*:[93]

1. A decisão do tribunal de 1.ª instância sobre a matéria de facto pode ser alterada pela Relação:
a) Se do processo constarem todos os elementos de prova que serviram de base à decisão sobre os pontos da matéria de facto em causa ou se, tendo ocorrido gravação dos depoimentos prestados, tiver sido impugnada, nos termos do artigo 685.º-B, a decisão com base neles proferida;
b) Se os elementos fornecidos pelo processo impuserem decisão diversa, insusceptível de ser destruída por quaisquer outras provas;
c) Se o recorrente apresentar documento novo superveniente e que, por si só, seja suficiente para destruir a prova em que a decisão assentou.
2. No caso a que se refere a segunda parte da alínea a) do número anterior, a Relação reaprecia as provas em que assentou a parte impugnada da decisão, tendo em atenção o conteúdo das alegações do recorrente e recorrido, sem prejuízo de oficiosamente atender a quaisquer outros elementos probatórios que hajam servido de fundamento à decisão sobre os pontos da matéria de facto impugnados.
3. A Relação pode determinar a renovação dos meios de prova produzidos em 1.ª instância que se mostrem absolutamente indispensáveis ao apuramento da verdade, quanto à matéria de facto impugnada, aplicando-se às diligências ordenadas, com as necessárias adaptações, o preceituado quanto à instrução, discussão e julgamento na 1.ª instância e podendo o relator determinar a comparência pessoal dos depoentes.
4. Se não constarem do processo todos os elementos probatórios que, nos termos da alínea a) do n.º 1, permitam a reapreciação da matéria de facto, pode a Relação anular, mesmo oficiosamente, a decisão proferida na 1.ª instância, quando repute deficiente, obscura ou contraditória a decisão sobre pontos determinados da matéria de facto ou quando considere indispensável a ampliação desta; a repetição do julgamento não abrange a parte da decisão que não esteja viciada, podendo, no entanto, o tribunal ampliar o julgamento de modo a apreciar outros pontos da matéria de facto, com o fim exclusivo de evitar contradições na decisão.
5. Se a decisão proferida sobre algum facto essencial para o julgamento da causa não estiver devidamente fundamentada, pode a Relação, a requerimento da parte, determinar que o tribunal de 1.ª instância a fundamente, tendo em conta os depoimentos gravados ou registados ou repetindo a produção da prova, quando necessário; sendo impossível obter a fundamentação com os mesmos juízes ou repetir a produção da prova, o juiz da causa limitar-se-á a justificar a razão da impossibilidade.
6. Das decisões da Relação previstas nos números anteriores não cabe recurso para o Supremo Tribunal de Justiça.

---

[93] Para mais desenvolvimentos cfr. ABRANTES GERALDES, *Recursos em Processo Civil – Novo Regime*, 3.ª ed., anot. ao art. 712.º do CPC.

Desde que não existam motivos para rejeitar o recurso de impugnação da decisão da matéria de facto, nos termos do art. 685.º-B do CPC, a solução que correctamente dá sequência aos objectivos projectados pelo legislador no que concerne ao *duplo grau de jurisdição*, quando se tenha verificado o registo de meios de prova oralmente produzidos, determina o seguinte:[94]

a) *Reapreciação dos meios de prova* especificados pelo recorrente, com análise de todo o processo, apreciação de provas nele existentes ou audição das gravações ou leitura das transcrições que porventura sejam apresentadas;

b) *Conjugação* desses meios de prova com outros indicados pelo recorrido ou que se mostrem acessíveis por constarem dos autos ou da gravação efectuada;

c) Formação da *convicção autónoma* em relação à matéria de facto impugnada, introduzindo na decisão as modificações que forem julgadas pertinentes;

d) No exercício desta função, sem embargo da ponderação das circunstâncias que rodeiam o julgamento da matéria de facto (com destaque para a ausência de *imediação*), a Relação goza dos mesmos poderes atribuídos ao tribunal *a quo*, sem exclusão dos que decorrem do *princípio da livre apreciação* genericamente consagrado no art. 655.º do CPC e a que especificamente se alude no art. art. 396.º do CC (prova testemunhal) e, relativamente a outros meios de prova, no art. 349.º (presunções judiciais), art. 351.º (reconhecimento não confessório), no art. 376.º, n.º 3 (certos documentos) e no art. 391.º do CC (prova pericial);[95]

---

[94] Para mais desenvolvimentos cfr. ABRANTES GERALDES, *Recursos em Processo Civil – Novo Regime*, 3.ª ed., anot. aos arts. 685.º-B e 712.º do CPC.
Com referência ao processo do trabalho, cfr. MENDES BATISTA, *Processo laboral e julgamento da matéria de facto*, em *Temas do Direito do Trabalho e do Direito Processual do Trabalho*, págs. 231 e segs., e na RDES de Julho-Dezembro de 2007, e M.ª JOSÉ COSTA PINTO, *Recursos em processo laboral*, em *Estudos do Instituto de Direito do Trabalho*, vol. V, págs. 133 e segs.
Cfr. ainda o Ac. do STJ, de 15-9-10 (*www.dgsi.pt*), sobre os deveres que recaem sobre a Relação quando seja impugnada a decisão da matéria de facto.

[95] Sobre o tema cfr. VÍTOR MELO, *Algumas reflexões sobre a prova no foro laboral*, no *Prontuário do Direito do Trabalho*, n.º 69.º, págs. 149 e segs.

e) Consequentemente, recusa-se a asserção de que a modificação na decisão da matéria de facto esteja limitada à verificação de erros manifestos de reapreciação. Ao invés, sem embargo dos naturais condicionalismos que rodeiam a tarefa de reapreciação de meios de prova oralmente produzidos, desde que a Relação acabe por formar uma *diversa convicção* sobre os pontos de facto impugnados, ainda que por interferência de *presunções judiciais* extraídas a partir das regras de experiência, deve reflectir esse resultado em nova decisão.[96]

2.5. Seja qual for o objecto do recurso, o relator deve elaborar o acórdão seguindo a orientação que tenha prevalecido, desde que não possa considerar-se vencido.

Importa atentar no que se prevê no art. 713.º do CPC com a epígrafe *"elaboração do acórdão"*:

**1. O acórdão definitivo é lavrado de harmonia com a orientação que tenha prevalecido, devendo o vencido, quanto à decisão ou quanto aos simples fundamentos, assinar em último lugar, com a sucinta menção das razões de discordância.
2. O acórdão principia pelo relatório, em que se enunciam sucintamente as questões a decidir no recurso, exporá de seguida os fundamentos e concluirá pela decisão, observando se, na parte aplicável, o preceituado nos artigos 659.º a 665.º.
3. Quando o relator fique vencido relativamente à decisão ou a todos os fundamentos desta, é o acórdão lavrado pelo primeiro adjunto vencedor, o qual deferirá ainda aos termos que se seguirem, para integração, aclaração ou reforma do acórdão.
4. Se o relator for apenas vencido quanto a algum dos fundamentos ou relativamente a qualquer questão acessória, é o acórdão lavrado pelo juiz que o presidente designar.
5. Quando a Relação entender que a questão a decidir é simples, pode o acórdão limitar-se à parte decisória, precedida da fundamentação sumária do julgado, ou, quando a questão já tenha sido jurisdicionalmente apreciada, remeter para precedente acórdão, de que junte cópia.
6. Quando não tenha sido impugnada, nem haja lugar a qualquer alteração da matéria de facto, o acórdão limitar-se-á a remeter para os termos da decisão da 1.ª instância que decidiu aquela matéria.
7. O juiz que lavrar o acórdão deve sumariá-lo.**

---

[96] Além disso, importa ainda que, como refere MENDES BATISTA, *Conclusões das alegações, objecto do recurso e outras notas sobre recursos no processo do trabalho*, em *Temas do Direito do Trabalho e do Direito Processual do Trabalho*, pág. 302, e na *Revista Minerva* n.º 5, "os tribunais de recurso, quando apreciam matéria laboral, devem fazê-lo munidos dos princípios que enformam o processo do trabalho", designadamente o da prevalência da justiça material e o da celeridade processual.

A mesma ideia é desenvolvida por M.ª JOSÉ COSTA PINTO, *Recursos em processo laboral*, em *Estudos do Instituto de Direito do Trabalho*, vol. V, pág. 112.

2.6. Entre as tarefas que se podem impor à Relação, na ocasião em que reflecte no projecto de acórdão a matéria de facto provada, e não provada realça-se a necessidade de proceder a uma profunda revisão do processo, designadamente ao nível dos articulados, o que, por vezes, permite extrair deles a existência de *acordo* expresso ou tácito em relação a determinados factos, com sobreposição a respostas que tenham sido dadas na decisão da matéria de facto, como o legitima o art. 646.º, n.º 4, do CPC.

Outra situação que pode relevar liga-se à atendibilidade de *documentos* que tenham sido juntos e dos quais seja possível extrair factos que resultem plenamente provados.

2.7. O facto de a sentença estar *afectada de nulidade*, nos termos do art. 668.º do CPC, não determina necessariamente que o processo seja devolvido à 1.ª instância. Ao invés, desde que o processo permita conhecer das demais questões suscitadas, sem necessidade de realização de diligências que envolvam a anulação do julgamento, cumpre ao colectivo prosseguir com a sua apreciação, nos termos que decorrem do art. 715.º do CPC com a epígrafe *"regra da substituição ao tribunal recorrido"*:

1. Ainda que declare nula a decisão que põe termo ao processo, o tribunal de recurso deve conhecer do objecto da apelação.
2. Se o tribunal recorrido tiver deixado de conhecer certas questões, designadamente por as considerar prejudicadas pela solução dada ao litígio, a Relação, se entender que a apelação procede e nada obsta à apreciação daquelas, delas conhecerá no mesmo acórdão em que revogar a decisão recorrida, sempre que disponha dos elementos necessários.
3. O relator, antes de ser proferida decisão, ouvirá cada uma das partes, pelo prazo de 10 dias.

2.8. Com o recurso da decisão final pode o recorrente impugnar *decisões interlocutórias* que, não sendo imediatamente recorríveis, revelem interesse para a defesa da sua posição processual. Paralelamente também ao recorrido é admitido suscitar nas *contra-alegações* a impugnação daquelas mesmas decisões que o tenham desfavorecido, no uso da faculdade que implicitamente emerge do art. 684.º-A do CPC.

Confrontado com o objecto do recurso, em toda a sua amplitude, cumprirá ao Tribunal da Relação apreciar os efeitos projectados pela reponderação das decisões interlocutórias, sendo que, atento o disposto no art. 79.º-A, n.º 4, do CPT, apenas será dado provimento à respectiva impugnação *"quando a infracção cometida possa modificar"* a decisão final ou quando "*independentemente desta, o provimento tenha interesse para o recorrente*".

Deixando de lado esta última previsão, importa que, aquando da apreciação do mérito do recurso em toda a sua extensão, o tribunal superior apenas valore as nulidades ou erros decisórios que efectivamente exerçam *influência no resultado da lide*, desconsiderando as demais, em termos semelhantes aos que anteriormente estavam previstos no art. 710.º, n.º 2, do CPC, entretanto revogado.[97]

Sob pena de se sobrevalorizarem aspectos de natureza formal, sem relevo substancial, premiando atitudes reveladoras de *chicana processual*, só será de admitir a repercussão negativa de impugnações de decisões interlocutórias quando se mostre visível a existência de um prejuízo real para a parte interessada, de tal modo que se outra fosse a opção do juiz *a quo* a decisão final teria um rumo inverso ou mais favorável ao recorrente.

2.9. A análise do regime a que obedece o recurso de apelação no foro laboral revela que são de pouca monta as diferenças em relação à apelação cível, a não ser no que respeita a aspectos de natureza formal, designadamente ligados aos prazos ou efeitos do recurso. Em relação às questões materiais, praticamente se pode considerar reproduzido o que a jurisprudência ou a doutrina revelam em relação à apelação no âmbito do processo civil.

Mas, sem embargo do maior relevo que também no processo civil vêm ganhando os aspectos de ordem substancial, a *especificidade dos conflitos jurídico-laborais* e a interferência dessa especificidade na formulação de juízos decisórios também não podem ser ignoradas na fase de julgamento dos recursos.

É comum a asserção de que o direito adjectivo não deve sobrepor-se ao direito substantivo e que, na medida do possível, sem quebra de regras essenciais, os tribunais devem privilegiar a decisão de mérito sobre decisões de pendor formal que protelem a resolução definitiva do litígio ou que neguem direitos materiais.

Se esta afirmação é válida no âmbito do processo civil, mais ainda se impõe na jurisdição laboral. A especial natureza da relação jurídica que está em causa, o real desequilíbrio dos sujeitos processuais, malgrado a colocação formal em plena igualdade, ou interesses de ordem pública

---

[97] Sobre a matéria cfr. ABRANTES GERALDES, *Recursos em Processo Civil – Novo Regime*, 3.ª ed., anot. ao art. 691.º, págs. 219 a 222.

subjacentes à normas de ordem substantiva devem encontrar eco na decisões jurisdicionais, reclamando a adopção de posturas em que os tribunais se libertem de amarras de ordem formal, privilegiando a justiça material.

Este é um objectivo que se revela na ocasião em que o tribunal de 1.ª instância procede ao julgamento da matéria de facto e à elaboração da sentença. Mas os juízos que se possam formular quanto a exigências do juiz da 1.ª instância podem e devem ser repetidos quando se trate de proceder ao julgamento de recursos, incidam estes apenas sobre matéria de direito ou também sobre a matéria de facto.[98]

---

[98] Sobre esta postura cfr. M.ª José Costa Pinto, *Recursos em processo laboral*, em *Estudos do Instituto do Direito do Trabalho*, vol. V, págs. 133 e segs.

III
RECURSO DE REVISTA

Artigo 80.º
(Prazo de interposição)

1 – O prazo de interposição do recurso de apelação ou de <u>revista</u> é de 20 dias.

2 – Nos casos previstos nos n.ᵒˢ 2 e 5 do artigo 79.º-A e nos casos previstos nos n.ᵒˢ 2 e 4 do artigo 721.º do Código de Processo Civil, o prazo de interposição do recurso reduz-se para 10 dias

3 – ...

Artigo 81.º
(Modo de interposição dos recursos)

1 – O requerimento de interposição de recurso deve conter a alegação do recorrente, além da identificação da decisão recorrida, especificando, se for caso disso, a parte dela a que o recurso se restringe.

2 – O recorrido dispõe de prazo igual ao da interposição do recurso, contado desde a notificação oficiosa do requerimento do recorrente, para apresentar a sua alegação.

3 – Na alegação pode o recorrido impugnar a admissibilidade ou a tempestividade do recurso, bem como a legitimidade do recorrente.

4 – Havendo recurso subordinado, deve ser interposto no mesmo prazo da alegação do recorrido, aplicando-se, com as necessárias adaptações, o disposto nos números anteriores.

5 – À interposição do recurso de <u>revista</u> aplica-se o regime estabelecido no Código de Processo Civil.

Artigo 87.º
(Julgamento dos recursos)

1 – O regime do julgamento dos recursos é o que resulta, com as necessárias adaptações, das disposições do Código de Processo Civil que regulamentam o julgamento do recurso de apelação e de <u>revista</u>.

2 – Sem prejuízo do disposto no número anterior, quando funcionar como tribunal de revista, o Supremo Tribunal de Justiça em os poderes estabelecidos no Código de Processo Civil.

3 – Antes do julgamento dos recursos, o Ministério Público, não sendo patrono ou representante de qualquer das partes, tem vista no processo para, em 10 dias, emitir parecer sobre a decisão final a proferir, devendo observar-se, em igual prazo, o contraditório.

---

1. Regime do recurso de revista

1.1. O CPT não regula especificamente o *recurso de revista*, dependendo, na sua generalidade, do que consta dos arts. 721.º e segs. do CPC.

Em relação a tal recurso apenas encontramos no CPT o seguinte:[99]

a) O art. 80.º do CPT que prevê o *prazo* geral de 20 dias para a interposição da revista, ao abrigo do art. 721.º, n.º 1, sendo de 10 dias para a revista interposta nos termos do art. 721.º, n.ºs 2 e 4;

b) O art. 81.º, n.º 5, do CPT, que, a respeito da interposição do recurso, remete para o previsto no CPC;

c) E o art. 87.º do CPT, sob a epígrafe *"julgamento dos recursos"*, incluindo o recurso de revista.

1.2. Neste contexto, importa observar o que se dispõe no art. 721.º do CPC com a epígrafe *"decisões que comportam revista"*:[100]

1. Cabe recurso de revista para o Supremo tribunal de Justiça do acórdão da Relação proferido ao abrigo do n.º 1 e da alínea h) do n.º 2 do artigo 691.º.

---

[99] Cfr. Sousa Pinheiro, *Perspectiva geral das alterações ao CPT*, no *Prontuário do Direito do Trabalho*, n.º 84, págs. 179 e segs.

[100] Cfr. Abrantes Geraldes, *Recursos em Processo Civil – Novo Regime*, 3.ª ed., anot. ao art. 721.º do CPC.

2. Os acórdãos proferidos na pendência do processo na Relação apenas podem ser impugnados no recurso de revista que venha a ser interposto nos termos do número anterior, com excepção:
a) Dos acórdãos proferidos sobre incompetência relativa da Relação;
b) Dos acórdãos cuja impugnação com o recurso de revista seria absolutamente inútil;
c) Dos demais casos expressamente previstos na lei.

3. Não é admitida revista do acórdão da Relação que confirme, sem voto de vencido e ainda que por diferente fundamento, a decisão proferida na 1.ª instância, salvo nos casos previstos no artigo seguinte.

4. Se não houver ou não for admissível recurso de revista das decisões previstas no n.º 1, os acórdãos proferidos na pendência do processo na Relação podem ser impugnados, caso tenham interesse para o recorrente independentemente daquela decisão, num recurso único, a interpor após o trânsito em julgado daquela decisão, no prazo de 15 dias após o referido trânsito.

5. As decisões interlocutórias impugnadas com a sentença final, nos termos do n.º 3 do artigo 691.º, não podem ser objecto do recurso de revista.

2. Âmbito do recurso de revista

2.1. Tendo sido abolido o agravo em 2.ª instância, em resultado da opção pelo monista recursório, os recursos a interpor de acórdãos da Relação são invariavelmente recursos de *revista*.

Verificados que sejam os requisitos gerais da admissibilidade de recurso, a revista está reservada para os seguintes acórdãos:

a) Acórdãos da Relação que incidiram sobre decisões da 1.ª instância que *tenham posto termo ao processo*, seja por razões de mérito ou de forma, ou que incidiram sobre despachos saneadores que, sem terem posto termo ao processo, tenham decidido do mérito da causa.

A título exemplificativo, a revista pressupõe que a Relação tenha incidido sobre as seguintes decisões:

– Despachos de indeferimento liminar total;
– Decisões que traduzam a absolvição total da instância ou outras formas de extinção da instância, nos termos do art. 287.º do CPC;
– Despachos saneadores que, no todo ou em parte, conheçam do mérito da causa;
– Sentenças finais, independentemente do seu conteúdo.

b) Acórdãos da Relação previstos no art. 721.º, n.º 2;

c) Importa ainda acrescentar a admissibilidade do recurso de revista nos casos previstos no art. 678.º, n.º 2:
– Por violação das regras da *competência absoluta*;
– Por ofensa de *caso julgado*;
– Com fundamento no desrespeito de *jurisprudência uniformizada* do STJ.

d) A revista poderá ainda abarcar *acórdãos interlocutórios* proferidos pela Relação de que não seja admissível recurso imediato, mas que revelem interesse para a parte independentemente da interposição de recurso do acórdão final (n.º 4 do art. 721.º).

2.2. Estão *excluídos* do âmbito da revista:

a) Acórdãos da Relação que incidiram sobre *decisões interlocutórias* da 1.ª instância que tenham sido autonomamente admitidos, nos termos do art. 79.º-A, n.º 2, do CPT, por não se integrarem no n.º 1 do art. 721.º;[101]

b) Acórdãos da Relação na parte em que incidiram sobre as demais *decisões intercalares* da 1.ª instância cuja impugnação tenha sido feita no recurso de apelação interposto da decisão final, nos termos do art. 79.º-A, n.º 3, do CPT, atento o disposto no n.º 5 do art. 721.º;[102]

c) Acórdãos da Relação proferidos em processos cujo *valor* não exceda a respectiva alçada ou em que o valor da sucumbência não

---

[101] Ainda que no processo do trabalho tenha sido previsto recurso de apelação "*dos despachos que excluam alguma parte do processo ou constituam, quanto a ela, decisão final*", nos termos do art. 79.º, n.º 2, al. d), do CPT, do acórdão da Relação não cabe recurso de revista, por falta de expressa previsão no CPT, uma vez que o art. 81.º, n.º 5, do CPT, se limita a remeter para o que consta do CPC.

[102] A redacção do n.º 5 não prima pela clareza. O impedimento à interposição do recurso de revista não pode ser rigorosamente colocado às "*decisões interlocutórias impugnadas com a sentença final*", pela simples razão de que, existindo necessariamente de permeio um acórdão da Relação, é a este, e não ao seu objecto, que o legislador se pode referir quando expõe o regime da revista.

Estamos perante um defeito de redacção a corrigir por interpretação sistemática, valendo o preceito com o seguinte significado: "*os acórdãos da Relação proferidos sobre as decisões interlocutórias impugnadas com a sentença final, nos termos do disposto no n.º 3 do artigo 691.º, não podem ser objecto do recurso de revista*".

ultrapasse metade dessa alçada, sem embargo dos casos em que o 3.º grau de jurisdição seja independente desses factores (art. 678.º, n.ºˢ 1 e 2);

d) Acórdãos da Relação proferidos no âmbito de *procedimentos cautelares* (art. 387.º-A do CPC), sem embargo dos casos em que o recurso seja sempre admissível em face do art. 678.º, n.º 2. Com efeito, o facto de o art. 387.º-A vedar, em regra, o recurso de revista não afasta possibilidade de o mesmo ser sustentado em alguma das excepções previstas no art. 678.º, n.º 2.[103]

e) Acórdãos proferidos nos processos em que a lei *vede o recurso* para o Supremo (*v.g.* arts. 172.º, n.º 3, e 186.º-C, n.º 3, do CPT).

2.3. Também se aplica ao foro laboral o regime restritivo previsto no art. 721.º, n.º 3, que estabeleceu a *dupla conforme*. Por isso, em regra, não é admissível revista quando a Relação, sem qualquer voto de vencido, confirme a decisão da 1.ª instância (ou decida de forma mais favorável para a parte), ainda que seguindo fundamento diverso do invocado pela parte.[104]

Já a existência de *voto de vencido*, sendo reveladora de uma importante polémica no seio do colectivo, basta para desobstruir o acesso ao 3.º grau de jurisdição, verificados que sejam os demais pressupostos.[105]

---

[103] Discordamos, por isso, da jurisprudência reflectida no Ac. do STJ, de 12-11-08, www.dgsi.pt (acolhendo a doutrina do Ac. de 8-7-03) que, a partir do art. 40.º do CPT, vem considerando inaplicável o disposto no art. 387.º-A do CPC. Quando estejam em causa decisões que violem as regras de competência absoluta, ofendam o caso julgado ou desrespeitem jurisprudência uniformizada pelo STJ não vemos motivo algum para rejeitar recurso de revista que permita ao STJ de apreciar tais questões. O art. 40.º, n.º 1, do CPT, destina-se apenas a resolver a questão da admissibilidade de um 2.º grau de jurisdição em matéria de suspensão de despedimento, independentemente do respectivo valor, não sendo inconciliável com o disposto no art. 387.º-A do CPC, aplicável por via dos arts. 33.º e 32.º, n.º 1, do CPT.

[104] Cfr. ABRANTES GERALDES, *Recursos em Processo Civil – Novo Regime*, 3.ª ed., anot. ao art. 721.º do CPC.

MENDES BATISTA, em *A reforma dos recursos e o processo do trabalho*, em *Temas do Direito do Trabalho e do Direito Processual do Trabalho*, pág. 265, e na *Rev. do Ministério Público*, n.º 113, aponta o relevo que tem no actual contexto o voto de vencido.

[105] Ponto é que estejam presentes os demais pressupostos gerais de admissibilidade da revista que decorrem do art. 721.º ou, a respeito do valor do processo ou da sucumbência, do art. 678.º, n.º 1.

A restrição respeitante à dupla conforme não abarca, porém, os casos do art. 678.º, n.º 2, do CPC, para o qual remete o art. 79.º do CPT. A admissibilidade da revista, sem qualquer condicionalismo extraído dos arts. 721.º ou 721.º-A, decorre do facto de se admitir *"sempre"* recurso nos casos aí referidos (violação de regras de competência absoluta, violação de caso julgado e desrespeito por jurisprudência uniformizada), recorribilidade a que nem sequer obstam as situações de dupla conforme.[106]

2.4. Em relação às acções do foro laboral especificamente previstas no art. 79.º do CPT, apenas está assegurado o segundo grau de jurisdição independentemente do valor processual ou do valor da sucumbência.

Noutra perspectiva, não limita o *terceiro grau* de jurisdição nas acções especificamente previstas, desde que se verifiquem os pressupostos que decorrem dos arts. 721.º e 721.º-A.

3. Revista excepcional:

3.1. O regime restritivo decorrente da consagração da dupla conforme pode ser contornado pela parte vencedora nos casos em que, nos termos do art. 721.º do CPC, se prevê a interposição de *revista excepcional* cujo teor é o seguinte:[107]

1. **Excepcionalmente, cabe recurso de revista do acórdão da Relação referido no n.º 3 do artigo anterior quando:**
    a) Esteja e causa uma questão cuja apreciação, pela sua relevância jurídica, seja claramente necessária para uma melhor aplicação do direito;
    b) Estejam em causa interesses de particular relevância social;

---

[106] Cfr. ABRANTES GERALDES, *Recursos em Processo Civil – Novo Regime*, 3.ª ed., anot. ao art. 721.º do CPC. Com efeito, não faria sentido, por exemplo, que, desrespeitando a Relação, posto que em dupla conforme, jurisprudência uniformizada acerca de determinada questão jurídica apreciada no recurso de apelação, o resultado ficasse definitivamente estabelecido, sem possibilidade de a questão ser submetida ao critério do STJ mediante a interposição de recurso de revista.

[107] Cfr. ABRANTES GERALDES, *Recursos em Processo Civil – Novo Regime*, 3.ª ed., anot. ao art. 721.º-A do CPC.

MENDES BATISTA, em *A reforma dos recursos e o processo do trabalho*, em *Temas do Direito do Trabalho e do Direito Processual do Trabalho*, pág. 265, e na *Revista do Ministério Público*, n.º 113, de 2008, refere que "é de esperar da jurisprudência o entendimento de que este (o processo laboral) é caracterizado por uma maior abertura em matéria de direito ao recurso, mas sem perder de vista a necessidade de limitar excessos, particularmente nos casos em que não estejam em causa interesses que ditaram a criação de um ordenamento jurídico-processual próprio".

c) O acórdão da Relação esteja em contradição com outro, já transitado em julgado, proferido por qualquer Relação ou pelo Supremo Tribunal de Justiça, no domínio da mesma legislação e sobre a mesma questão fundamental de direito, salvo se tiver sido proferido acórdão de uniformização de jurisprudência com ele conforme.

2. O requerente deve indicar, na sua alegação, sob pena de rejeição:
 a) As razões pelas quais a apreciação da questão é claramente necessária para uma melhor aplicação do direito;
 b) As razões pelas quais os interesses são de particular relevância social;
 c) Os aspectos de identidade que determinam a contradição alegada, juntando cópia do acórdão-fundamento com o qual o acórdão recorrido se encontra em oposição.

3. A decisão quanto à verificação dos pressupostos referidos no n.º 1 compete ao Supremo Tribunal de Justiça, devendo ser objecto de apreciação preliminar sumária, a cargo de uma formação constituída por três juízes escolhidos anualmente pelo presidente de entre os mais antigos das secções cíveis.

4. A decisão referida no número anterior é definitiva.

3.2. O primeiro aspecto a considerar é que apenas se pode aceder à *revista excepcional* quando se verificarem as condições gerais para a admissão de recurso de revista. Ou seja, o acesso à revista excepcional depende da verificação dos pressupostos gerais do recurso de revista "normal".

Deste modo, sem embargo dos casos especiais que decorrem do art. 678.º, n.º 2, do CPC, é mister que se trate de acórdão proferido em processo cujo valor ou sucumbência supere os mínimos referidos no art. 678.º, n.º 1.

Além disso, deve tratar-se de acórdão que se inscreva no âmbito do art. 721.º, n.º 1, ou seja, que tenha incidido sobre decisão da 1.ª instância nos termos do art. 691.º, n.º 1 (decisão que pôs termo ao processo) ou do n.º 2, al. h) (despacho saneador que, sem pôr termo ao processo, apreciou questão de mérito).

E constitui *factor impeditivo* de qualquer recurso de revista a existência de norma que vede o acesso ao STJ.[108]

3.3. O art. 721.º-A poderá ter um especial relevo no *foro laboral*, abrindo as portas ao terceiro grau de jurisdição cerradas pela aplicação da dupla conforme.

---

[108] Cfr. ABRANTES GERALDES, *Recursos em Processo Civil – Novo Regime*, 3.ª ed., anot. ao art. 721.º do CPC, e os Acs. do STJ, de 5-5-10, 27-5-10 e de 23-6-10, *www.dgsi.pt*.

O legislador previu *três situações*:

a) Quando esteja em causa *questão jurídica* cuja apreciação, pelo seu relevo, seja claramente necessária para uma melhor aplicação do direito;

b) Quando estejam em causa *interesses particularmente relevantes* em termos sociais;

c) Quando se verifique uma *divergência* entre o acórdão recorrido e o acórdão da mesma ou de outra Relação ou do Supremo sobre questão fundamental de direito, a não ser que o acórdão recorrido tenha aderido à solução decorrente de acórdão uniformizador do STJ.

3.4. Relativamente às situações em que esteja em causa *questão jurídica* cuja apreciação, pelo seu relevo, seja claramente necessária para uma melhor aplicação do direito, naturalmente não basta atentar no interesse subjectivo da parte que, tendo ficado vencida, pretenda a intervenção do STJ. O recurso deve ser reservado para questões que, no critério do próprio STJ, justifiquem o terceiro grau de jurisdição, atento o seu efeito preventivo ou reparador de polémicas jurisprudenciais ou doutrinais.

A sua concretização no *foro laboral* pode verificar-se em face de questões submetidas a soluções diversas causadoras de forte perturbação ou insegurança ou quando surja legislação nova geradora de dúvidas interpretativas que, afectando negativamente os destinatários directos da decisão recorrida, sejam susceptíveis de se repercutir na resolução de casos semelhantes.[109]

3.5. Mais relevante se pode mostrar a acessibilidade ao terceiro grau de jurisdição no foro laboral nos casos abarcados pelo art. 721.º-A, n.º 1, al. b), ou seja, quando estejam em causa *interesses de particular relevo social*.[110]

---

[109] Cfr. ABRANTES GERALDES, *Recursos em Processo Civil – Novo Regime*, 3.ª ed., anot. ao art. 721.º do CPC, e o Ac. do STJ, de 9-6-10, *www.dgsi.pt*.

[110] Cfr. ABRANTES GERALDES, *Recursos em Processo Civil – Novo Regime*, 3.ª ed., anot. ao art. 721.º do CPC.

No mesmo sentido cfr. MENDES BATISTA, *Temas do Direito do Trabalho e do Direito Processual do Trabalho*, págs. 261 e segs. PALLA LIZARDO exemplifica com a "impugnação de despedimentos colectivos ou a impugnação de despedimentos individuais em que sejam alegadas atitudes discriminatórias para com o trabalhador" (*O processo laboral face à novíssima reforma do processo civil*, no *Prontuário do Direito do Trabalho*, do CEJ, n.ºˢ 74 e 75, pág. 186).

O direito do trabalho tem, por natureza, uma *dimensão social* mais saliente, tendo em conta a transversalidade das normas que regulam as relações jurídico-laborais. A interpretação que seja dada pelos tribunais a determinado preceito é passível de se reflectir positiva ou negativamente em sujeitos que não são partes no processo mas que se encontram em situação similar.

Deste modo, pode justificar-se o recurso de revista quando se detecte um *interesse social* que prevaleça sobre o interesse das partes no processo, no sentido de tornar *conveniente* a fixação de jurisprudência que, sem embargo da aplicação ao caso, seja susceptível de produzir efeitos externos.

3.6. É claro que tanto os casos em que a revista excepcional vise questões de particular relevância jurídica, como aquele em que esteja em causa particular relevo social não podem ser banalizados, sob pena de se frustrar o objectivo do legislador que pretendeu limitar o acesso ao STJ.

Em geral, deve tratar-se de questões jurídicas de *carácter paradigmático* transponível para outras situações, cujo relevo seja independente das partes envolvidas. Ademais, deve constatar-se que sobre tal questão não existe jurisprudência consolidada.

No quadro das relações jurídico-laborais, pode justificar-se, por exemplo, a excepcional intervenção do STJ, apesar da dupla conforme, quando se esteja perante:[111]

a) Questões cuja resolução implique *operações exegéticas* de assinalável dificuldade e em que, no plano prático, seja de prever o ressurgimento em casos futuros;

b) Questões que careçam de *clarificação jurisdicional* superior;

c) Questões cuja decisão tenha sido afectada por *erro grosseiro*, prevenindo-se a possibilidade de repetição;

d) Questões que tenham surgido *ex novo* e cuja resolução se afigure difícil, tendo em vista evitar *decisões contraditórias* (*efeito preventivo*);

e) Quando a decisão recorrida venha ao arrepio do entendimento *uniforme* ou *consolidado* da jurisprudência ou da doutrina (*efeito reparador*);

---

[111] Cfr. ABRANTES GERALDES, *Recursos em Processo Civil – Novo Regime*, 3.ª ed., anot. ao art. 721.º-A do CPC.

f) A lei não estabelece distinções a partir da natureza *adjectiva* ou *substantiva* das normas. Ainda que as questões de direito substantivo sejam as que naturalmente prevalecem para efeitos de admissão da revista excepcional, esta não rejeita questões que envolvam a aplicação e interpretação de normas de direito processual, tanto mais que a correcta solução dos diferendos pode depender (e depende frequentemente) do sentido que for atribuído a tais preceitos.[112]

Embora a apreciação das circunstâncias relevantes para efeitos de admissão ou de rejeição da revista excepcional não esteja dependente dos argumentos apresentados pelas partes, estas não deixarão de apresentar os *motivos* por que, em concreto, a par do interesse subjectivo na outorga do 3.º grau de jurisdição, se justifica a intervenção do Supremo, depois de já terem sido solicitadas duas instâncias.

3.7. A terceira excepção está ligada ao vector da uniformidade jurisprudencial e da *certeza na aplicação do direito*.[113]

As situações em que se verifique uma contradição jurisprudencial relativamente à resposta dada a questões essenciais para a decisão estão sujeitas a um critério dotado de maior objectividade. O recurso de revista poderá ser interposto mesmo que a Relação confirme, sem voto de vencido, a decisão da 1.ª instância, desde que a solução divirja de outro acórdão da Relação ou do Supremo sem que tenha aderido a qualquer acórdão uniformizador.

Por isso, enquanto não existir uma malha significativa de *acórdãos de uniformização de jurisprudência* aos quais a Relação, em confirmação da decisão da 1.ª instância, expresse a sua adesão,[114] acabará por prevale-

---

[112] Assim o decidiu o STA no Ac. de 4-1-06 (*www.dgsi.pt*), num processo em que estava em causa saber se, no âmbito do contencioso administrativo, à luz do CPTA, era ou não de aplicar a regra contida no art. 680.º, n.º 2, atinente à legitimidade para recorrer.

[113] Cfr. ABRANTES GERALDES, *Recursos em Processo Civil – Novo Regime*, 3.ª ed., anot. ao art. 721.º-A do CPC.

[114] Nesta opção pode ver-se, afinal, um afloramento dos objectivos propostos pelo legislador na justificação preambular quando alude à necessidade de se acentuarem "*as funções de orientação e uniformização de jurisprudência*" atribuídas ao Supremo. Com a solução consagrada no art. 721.º-A, n.º 1, al. c), o objectivo da uniformização jurisprudencial é prosseguido de forma mais lata, na medida em que se valoriza a mera contradição entre o acórdão da Relação de que se pretende recorrer e o de qualquer outra Relação ou do Supremo.

cer, na prática, a regra geral da recorribilidade em função do valor da acção ou do valor da sucumbência, nos termos do art. 678.º do CPC.

A admissibilidade da revista depende tão só do resultado do confronto entre a resposta que foi dada pela Relação a uma determinada questão jurídica e a que decorre de outro acórdão da Relação ou do Supremo, sem qualquer margem de discricionariedade, verificados os seguintes *requisitos*:[115]

a) *Contradição* entre o acórdão recorrido e um outro já *transitado em julgado* das Relações ou Supremo;[116]

b) *Oposição* frontal e não apenas implícita ou pressuposta,[117] ainda que baste que na decisão recorrida se tenha optado por uma resposta *diversa* e não necessariamente contrária à que foi assumida no acórdão-fundamento;[118]

c) Incidência de ambos os acórdãos sobre a *mesma questão* fundamental de direito,[119] sendo ignoradas eventuais divergências relativamente a questões de facto;

---

[115] Para além dos requisitos gerais da revista, designadamente dos que decorrem do art. 678.º, n.º 1, do CPC (em função da alçada ou da sucumbência) e do art. 721.º, n.º 1 (natureza da decisão sobre que incidiu o acórdão da Relação).

[116] A alusão a um "*acórdão*" necessariamente impede que se invoque, como fundamento da revista excepcional, decisão singular do relator, como se decidiu, a respeito do anterior art. 754.º, n.º, 2, no Ac. do STJ, de 17-2-09, CJSTJ, tomo I, pág. 102. Aqui se concluiu ainda que a contradição relevante é entre acórdãos e não entre um acórdão e a fundamentação do outro.

[117] Cfr. RIBEIRO MENDES, *Recursos em Processo Civil*, pág. 290, pronunciando-se sobre o anterior recurso para o Pleno, mas com inteira aplicação ao caso.

[118] A contrariedade relativamente ao acórdão de uniformização tanto existe nos casos em que, apesar de se reconhecer que o objecto cabe no âmbito da jurisprudência, se recusa seguir essa orientação, como naqueles em que se considera que o caso concreto não é subsumível à jurisprudência uniformizada (TEIXEIRA DE SOUSA, *Estudos Sobre o Novo processo Civil*, 2.ª ed., pág. 559).

[119] Não basta que as questões de direito sejam *análogas* (CASTRO MENDES, *Direito Processual Civil*, vol. III, pág. 118).

AMÂNCIO FERREIRA, a respeito do art. 678.º, n.º 2, al. c), refere que a exigência deve considerar-se verificada "quando o núcleo da situação de facto, à luz da norma aplicável, seja idêntico. Com o esclarecimento de que os elementos de facto relevantes para a *ratio* da regra jurídica devem ser coincidentes num e noutro caso, pouco importando que sejam diferentes os elementos acessórios da relação" (*Manual dos Recursos em Processo Civil*, 7.ª ed., pág. 116).

d) *Essencialidade* da questão de direito sobre a qual se verifica a controvérsia para determinar o resultado numa e noutra das decisões,[120] sendo irrelevantes respostas ou argumentos que não tenham valor decisivo;

e) A divergência deve verificar-se num *quadro normativo* substancialmente idêntico, de modo que a alteração ou revogação da norma concretamente interpretada e aplicada não afasta, por si, o relevo da divergência para justificar a interposição de recurso de revista excepcional;[121]

f) Inexistência de *acórdão de uniformização* relativamente à questão jurídica a cuja doutrina o acórdão recorrido tenha aderido. Para o efeito contam os acórdãos proferidos nos termos dos arts. 732.º-A e 732.º-B ou no âmbito de recursos extraordinários para uniformização de jurisprudência[122] e ainda, em especial, os proferidos no âmbito de acções de anulação e de interpretação de cláusulas de CCT, nos termos do art. 186.º do CPT.

---

[120] Assim, torna-se irrelevante a contradição se a mesma respeita apenas a um *argumento acessório*, ainda que contrariando resposta que oportunamente foi uniformizada pelo Supremo. Nesta linha, TEIXEIRA DE SOUSA aponta para a necessidade de se tratar de fundamento que condicione "de forma essencial e determinante a decisão proferida" (*Estudos Sobre o Novo Processo Civil*, 2.ª ed., págs. 556 e 557).

A *interpretação restritiva* recolhe-se ainda do Ac. do STJ, de 7-2-80, BMJ 294.º/248, proferido em redor do anterior recurso para o Pleno.

[121] Com a especificação da "*identidade substancial*" pretendem-se englobar as situações em que tenha havido *modificação formal* ou substituição da norma, mantendo-se o mesmo regime material. TEIXEIRA DE SOUSA assinala que é necessário que não se tenha verificado "qualquer modificação legislativa com relevância para a resolução da questão de direito neles apreciada", embora se não exija que seja o mesmo o diploma legal do qual conste a legislação aplicada (*Estudos Sobre o Novo Processo Civil*, 2.ª ed., pág. 557).

CASTRO MENDES, em relação ao anterior *recurso para o Pleno* referia que "se se provar que a disposição transitou *ipsis verbis* dum diploma para o outro e que o elemento sistemático é irrelevante para a sua interpretação, é possível recurso para o Tribunal Pleno de decisões proferidas no domínio do antigo diploma e do novo", acrescentando, no entanto, que "a manutenção da mesma disposição e diploma podem não ser bastantes para se considerar verificado o domínio da mesma legislação, se ao lado do diploma imutado surgiram novas leis e normas que influem na interpretação daquele" (*Direito Processual Civil*, vol. III, pág. 121).

Sobre a questão cfr. ainda ALBERTO DOS REIS, *CPC anot.*, vol. VI, págs. 268 e segs.

[122] Relevam não apenas os acórdãos emanados do *Pleno da Secção Social* que aprecia os recursos do foro laboral, mas ainda os que advenham do *Pleno das Secções Cíveis* ou do *Pleno das Secções Criminais*, desde que incidam sobre questões jurídicas cuja resposta seja essencial para a resolução do litígio pendente no foro laboral.

g) Não se mostra necessária a verificação de uma identidade integral entre os objectos de cada um dos processos em que foi emitida a decisão recorrida e o acórdão de uniformização, bastando que a questão sobre que incidiram respostas diversas seja *comum* a ambos.

3.8. Já no domínio do novo regime foi proferido na Secção Social do STJ o Ac. de 20-1-10 (*www.dgsi.pt*), onde se discutia se as actualizações salariais das remunerações mínimas acordadas entre uma empresa e um dos sindicados são aplicáveis ou não aos trabalhadores filiados noutro sindicato que ainda não tenha concluído aquele processo negocial.

Nele foram abordadas três questões:

Uma relacionada com a conjugação entre a motivação e as conclusões: invocando o recorrente nas *conclusões das alegações* dois fundamentos para o recurso de revista excepcional, mas nada tendo alegado no corpo das alegações relativamente a um deles, considerou-se que o recurso deveria ser rejeitado quanto a esse fundamento.

Num segundo segmento, abordou-se o critério determinativo do *relevo social* das questões: concluiu-se, em face do disposto no art. 721.º-A, n.º 1, al. b), que a particular relevância social dos interesses em causa só constitui fundamento de revista excepcional quando sobre a questão que integra o objecto do recurso ainda não haja jurisprudência firmada do Supremo.

Por fim, apesar de se considerar que a questão substantiva em discussão assumia *particular relevância social*, uma vez que o seu desfecho interessava aos trabalhadores em geral e, em particular, aos filiados no sindicato recorrente, por respeitar às retribuições salariais mínimas, não se admitiu a revista excepcional com fundamento em que a mencionada questão já fora solucionada por jurisprudência firme do STJ.

Também foi proferido o Ac. de 17-12-09, CJSTJ, tomo III, pág. 264, no qual se afirma que "o simples facto de estar em causa um despedimento individual, com os inerentes efeitos desfavoráveis ao trabalhador da perda de emprego e das pertinentes retribuições, não pode, sem mais, ditar o entendimento de que estão em causa interesses de particular relevância social" por forma a justificar que houvesse sempre lugar á revista excepcional.

Cabe ainda enunciar o Ac. do STA, de 7-1-09 (*www.dgsi.pt*), que incidiu sobre matéria periférica do direito laboral, onde se decidiu que a determinação do regime jurídico do direito ao pagamento de salários em atraso pelo Fundo de Garantia Salarial tem relevância jurídica e social que justifica a revista excepcional.

3.9. Constitui *ónus do recorrente* alegar as razões que reclamam a admissão excepcional do recurso de revista, o que deve ser feito no requerimento de interposição de recurso, nos termos dos arts. 684.º-B, n.º 1, e 685.º-C, n.ºs 1 e 2,[123] sem embargo dos poderes atribuídos ao Supremo, nos termos do n.º 3 do art. 721.º.

Consoante as circunstâncias, o recorrente deve:

a) Indicar as *razões* pelas quais a apreciação da questão, pela sua relevância, é claramente necessária para uma melhor aplicação do direito;

b) Indicar as *razões* pelas quais os interesses em causa têm particular relevância social;

c) Indicar os aspectos de *identidade* que determinam a contradição jurisprudencial alegada, demonstrando-a com a junção do acórdão-fundamento.[124]

A apreciação preliminar desta revista fica a cargo de uma formação *ad hoc* integrada por três juízes da secção social: art. 721.º-A, n.º 3.

4. Recurso de revista *per saltum*

4.1. É aplicável no foro laboral o recurso *per saltum* regulado no art. 725.º do CPC, com a seguinte redacção:

> **1.** As partes podem requerer, nas conclusões da alegação, que o recurso interposto das decisões referidas no n.º 1 e na alínea h) do n.º 2 do artigo 691.º suba directamente ao Supremo Tribunal de Justiça, desde que, cumulativamente:
> **a)** O valor da causa seja superior à alçada da Relação;
> **b)** O valor da sucumbência seja superior a metade da alçada da Relação;
> **c)** As partes, nas suas alegações, suscitem apenas questões de direito;
> **d)** As partes não impugnem, no recurso da decisão prevista no n.º 1 do art. 691.º, quaisquer decisões interlocutórias.

---

[123] Tal como sucede em geral, uma vez que a interposição de recurso deve ser acompanhada das *alegações*, pode suceder que o labor do recorrente seja inutilizado pela rejeição da revista com fundamento na não verificação dos requisitos de que depende a sua admissão excepcional.

[124] Não se mostra necessária a junção de *certidão do acórdão* ao invés do que foi decidido no Ac. do STJ, de 6-5-08, *www.dgsi.pt/jstj*. Com efeito, além de tal certidão não ser formalmente imposta pelo texto legal que alude simplesmente a *"cópia"*, trata-se de uma exigência de difícil satisfação que pode comprometer, sem motivos relevantes, o direito ao recurso.

2. Sempre que o requerimento referido no número anterior seja apresentado pelo recorrido, o recorrente pode pronunciar-se no prazo de 10 dias.
3. O presente recurso é processado como revista, salvo no que respeita aos efeitos, a que se aplica o disposto para a apelação.
4. A decisão do relator que entenda que as questões suscitadas ultrapassam o âmbito da revista e determine que o processo baixe à Relação, a fim de o recurso aí ser processado, é definitiva.
5. Da decisão do relator que admita o recurso *per saltum*, pode haver reclamação para a conferência.

4.2. A admissibilidade do recurso *per saltum* está circunscrita aos recursos das decisões do tribunal de 1.ª instância previstos no art. 691.º, n.os 1 e 2, al. h), ou seja, às decisões que, independentemente da sua natureza ou conteúdo, ponham termo ao processo e aos despachos saneadores que tenham incidido sobre o mérito da causa.

Demarcado, assim, o terreno, a concretização daquela possibilidade de "saltar" um grau de jurisdição fica ainda condicionada pela verificação cumulativa dos *seguintes requisitos*: [125]

a) *Valor da causa* superior à alçada da Relação, exigência que encontra fácil compreensão no facto de a intervenção do Supremo, em regra, estar circunscrita a tais processos;

b) *Valor da sucumbência* superior a metade da alçada da Relação, factor que se explica pelos mesmos motivos que levaram a limitar o acesso ao Supremo, revelando a alteração legislativa o abrandamento desta exigência que na anterior redacção supunha um decaimento também superior à alçada da Relação;

c) Suscitarem-se apenas nas alegações ou contra-alegações *questões de direito*, requisito que também se compagina com as funções atribuídas ao Supremo;

d) Não impugnação de quaisquer *decisões interlocutórias* no recurso da decisão que tenha posto termo ao processo;

e) *Requerimento* de alguma das partes.

4.3. Sendo o requerimento apresentado pelo recorrente, o recorrido poder-se-á pronunciar nas contra-alegações.

---

[125] Cfr. ABRANTES GERALDES, *Recursos em Processo Civil – Novo Regime*, 3.ª ed., anot. ao art. 725.º do CPC.

Mas a iniciativa do recurso *per saltum* pode advir também do recorrido, através das contra-alegações. Neste caso, a notificação das mesmas ao recorrente dá a este a faculdade de se pronunciar no prazo de 10 dias, nos termos do n.º 2.

5. Interposição do recurso de revista

5.1. Nos termos do art. 81.º, n.º 5, do CPT, à interposição e alegação é aplicável o disposto no CPC.

Deste modo, por expressa determinação do legislador, em lugar da aplicação do disposto no art. 81.º, n.ºs 1 a 4, do CPT, somos remetidos para o que, além do mais, consta dos arts. 721.º a 725.º e dos arts. 684.º-B, 685.º, 685.º-A e 685.º-C do CPC.

Assim, deve o requerente atentar especialmente nos requisitos formais previstos no art. 684.º do CPC com a epígrafe *"modo de interposição do recurso"*:

1. Os recursos interpõem-se por meio de requerimento dirigido ao tribunal que proferiu a decisão recorrida, no qual se indica a espécie, o efeito e o modo de subida do recurso interposto e, nos casos previstos nas alíneas a) e c) do n.º 2 do artigo 678.º, no recurso para uniformização de jurisprudência e na revista excepcional, o respectivo fundamento.
2. O requerimento referido no número anterior deve incluir a alegação do recorrente.
3. Tratando-se de despachos ou sentenças orais, reproduzidos no processo, o requerimento de interposição pode ser imediatamente ditado para a acta.

De tal preceito resulta que o recorrente, para além de referenciar a espécie de recurso, efeito e modo de subida, deve concretizar a revista que se funde nas normas excepcionais do art. 678.º, n.º 2, als. a) e c), assim como o fundamento que, apesar da dupla conforme, justifica a admissibilidade da *revista excepcional*, nos termos do art. 721.º-A.

O *foro laboral* será, aliás, um dos campos onde melhor se poderá detectar a justificação de tal recurso em face do *"particular relevância social"* dos interesses em causa e que justificam o acesso ao 3.º grau de jurisdição, com sobreposição à situação de dupla conforme.

5.2. No que concerne à arguição de *nulidades* do acórdão da Relação, segue-se a regra especial prevista no art. 77.º, n.º 3, do CPT.

É verdade que não se encontra uma norma que, com a clareza de tal preceito, imponha tal formalidade no recurso de revista. Mas cremos que essa é a solução que se obtém quando se observa que o art. 716.º do CPC remete para o art. 668.º, norma a que no processo do trabalho deve ainda ser agregado o referido art. 77.º, n.º 3, do CPT (cfr. Acs. do STJ, de 24-2-10 e de 28-4-10, *www.dgsi.pt*).

5.3. Com o requerimento de interposição de recurso devem ser apresentadas as *alegações*, nos termos do art. 684.º-B, n.º 2, do CPC.

Porém, uma vez que a competência do STJ está circunscrita à matéria de direito, quer a motivação, quer as respectivas conclusões devem observar apenas o que decorre do art. 685.º-A, com especial atenção para a necessidade de nas conclusões ser feita a indicação das normas jurídicas violadas, o sentido que, no entender do recorrente, deveria ser atribuído às normas que constituem o fundamento jurídico da decisão ou, em caso de erro na determinação, a norma ou normas jurídicas que, no entender do recorrente, deveriam ter sido aplicadas.

6. Fundamentos da revista

6.1. Nos termos do art. 722.º do CPC, com a epígrafe *"fundamentos da revista"*:[126]

1. A revista pode ter por fundamento:
a) A violação de lei substantiva, que pode consistir tanto no erro de interpretação ou de aplicação, como no erro de determinação da norma aplicável;
b) A violação ou errada aplicação da lei de processo;
c) As nulidades previstas nos artigos 668.º e 716.º.
2. Para os efeitos do disposto na alínea a) do número anterior, consideram-se como lei substantiva as normas e os princípios de direito internacional geral ou comum e as disposições genéricas, de carácter substantivo, emanadas dos órgãos de soberania, nacionais ou estrangeiros, ou constantes de convenções ou tratados internacionais.
3. O erro na apreciação das provas e na fixação dos factos materiais da causa não pode ser objecto de recurso de revista, salvo havendo ofensa duma disposição expressa de lei que exija certa espécie de prova para a existência do facto ou que fixe a força de determinado meio de prova.

6.2. O fundamento natural do recurso de revista é a *violação de lei substantiva*, ao menos nos casos em que o acórdão da Relação incidiu sobre decisão final do processo que conheceu do mérito da causa.

---

[126] Cfr. ABRANTES GERALDES, *Recursos em Processo Civil – Novo Regime*, 3.ª ed., anot. ao art. 722.º do CPC.

6.3. Tendo sido abolido no processo civil comum o agravo em 2.ª instância, a norma do art. 722.º integrou a necessidade de prever, entre os fundamentos da revista, também a violação ou errada aplicação da *lei do processo*, o que bem se compreende, já que a solução do caso pode ter a sua origem no errado manuseamento de disposições de direito adjectivo por parte da Relação.

7. Tramitação

7.1. Por decorrência da aplicação das *disposições gerais* sobre recursos ordinários constantes dos arts. 676.º a 685.º-D, tudo quanto aí se referiu terá de ser adaptado ao recurso de revista, na parte em que neste encontre um quadro justificativo.

À tramitação inicial do recurso de revista, até à sua distribuição no Supremo, pode revelar-se importante a análise dos preceitos que integram as disposições gerais e que sumariamente se enunciam:

a) A norma do art. 677.º sobre o conceito de *"trânsito em julgado"*;

b) O disposto no art. 680.º sobre legitimidade;

c) O art. 681.º no que concerne à renúncia ao recurso e à desistência;

d) O art. 682.º do CPC, em conjugação com o art. 81.º, n.º 4, do CPT, sobre a possibilidade de apresentação de recursos independentes ou subordinados;[127]

e) O art. 683.º quanto à extensão do recurso aos compartes não recorrentes;

f) O art. 684.º quanto à delimitação subjectiva e objectiva do recurso e à necessidade de respeitar sempre os efeitos do caso julgado;

g) O regime de ampliação do objecto do recurso por iniciativa do recorrido, nos termos do art. 684.º-A, com excepção daquilo que aí se refere quanto à impugnação da decisão da matéria de facto;

---

[127] Cada um destes instrumentos processuais terá de se ajustar às especificidades da revista, quer quanto à sua admissibilidade, por exemplo, em função do objecto ou do resultado da decisão, quer quanto ao seu conteúdo, estando afastada, designadamente, a possibilidade de, através da revista, se obter a modificação da decisão da matéria de facto.

h) O art. 684.º-B sobre os requisitos do requerimento de interposição, com especial destaque para os casos em que o acesso ao Supremo se funda na regra especial do art. 678.º, n.º 2, als. a) e c), ou em que se pretende o recurso de revista excepcional, nos termos do art. 721.º-A;

i) O art. 685.º do CPC, em conjugação com o art. 81.º, n.º 2, do CPT, no que respeita ao exercício e ao prazo do contraditório, exceptuando também o que respeita à prova gravada;

j) O art. 685.º-A no que concerne ao ónus de alegação e de formulação de conclusões sobre matéria de direito, com a limitação específica que decorre do art. 722.º; aqui se inclui a possibilidade de ser proferido despacho de aperfeiçoamento das conclusões;

l) O art. 685.º-C sobre a prolação de despacho liminar;

m) O disposto no art. 275.º-A quanto à apensação de processos.

7.2. Já no que concerne às normas da apelação constantes dos arts. 691.º a 693.º-B, por regra, *não terão aplicação* na revista, a não ser para cobrir eventuais lacunas de regulamentação que encontrem aí razões análogas.

Assim ocorre com a norma do art. 691.º-B relativa à instrução de recursos com subida em separado, que não encontra previsão específica na regulamentação da revista (art. 722.º-A, n.º 2). O mesmo se diga quanto à possibilidade de ser requerida a prestação de caução quando o recurso de revista suba com efeito meramente devolutivo e o recorrido não pretenda a execução provisória (arts. 693.º, n.º 2, e art. 723.º).[128]

8. Modo de subida e efeito

Quanto ao *modo de subida* vale o art. 722.º-A: sobe nos próprios autos a revista interposta de acórdão da Relação que tenha posto termo ao processo (e que também subiu nos próprios autos); sobe nos autos formados para o recurso de apelação interposto de despacho saneador que, sem ter posto termo ao processo, apreciou o mérito da causa.

No processo do trabalho não há *"acções de estado"*. Por isso, sendo inaplicável o disposto no art. 723.º, n.º 1, só deverão ser tidos em conta

---

[128] Neste sentido cfr. AMÂNCIO FERREIRA, *Manual dos Recursos em Processo Civil*, 8.ª ed., pág. 235.

para atribuição do *efeito suspensivo* os casos que obtenham no foro laboral uma regulação especial. A não ser quando lei especial preveja efeito suspensivo, a revista sobe com efeito meramente devolutivo, com produção imediata dos efeitos jurídicos e com possibilidade de execução provisória da decisão que tenha fixado ao recorrido uma obrigação (art. 723.º, n.º 3).

A revista interposta de acórdão de mérito da Relação no processo especial de anulação e interpretação de cláusulas de CCT tem *efeito suspensivo* (art. 185.º, n.º 3, do CPT).

Já a revista do acórdão da Relação proferido no processo especial de impugnação de estatutos tem *efeito meramente devolutivo*, seguindo a regra geral, uma vez que o efeito suspensivo apenas está salvaguardado para a apelação, nos termos do art. 167.º do CPT.[129]

9. Junção de documentos e pareceres

9.1. É mais restrita a possibilidade de apresentação de *documentos*, em comparação com o regime previsto para a apelação no art. 693.º-B. Tal encontra justificação no facto de o Supremo ter intervenção privilegiada em questões de direito, só excepcionalmente sendo admitido a pronunciar-se sobre questões de facto.

Neste contexto, uma vez que, em regra, é vedado ao Supremo alterar a decisão da matéria de facto provada, a aplicabilidade do preceito estará praticamente reservada aos casos em que as instâncias tenham considerado provado um facto para o qual a lei exigia prova documental (*v.g.* escritura pública ou certidão de registo) com violação do direito probatório material, sustentando-o apenas em prova testemunhal ou em confissão, situação que pode ser regularizada, sem prejudicar o resultado, mediante a junção do documento que seja superveniente.[130]

9.2. No que concerne aos *pareceres*, com a alteração legislativa deixou de ser possível aproveitar a remissão que, a partir do art. 726.º, se fazia para o art. 706.º, entretanto revogado. O novo art. 693.º-B apenas se reporta aos documentos e o art. 525.º apenas regula a junção de pareceres na 1.ª instância.

Ainda assim, manteve-se inalterado o art. 700.º, n.º 1, al. d) (agora al. e)), que atribui ao relator a função de autorizar ou de recusar a junção

---

[129] Neste sentido cf. o Ac. do STJ, de 20-10-93, CJSTJ, tomo III, pág. 284.
[130] Cfr. AMÂNCIO FERREIRA, *Manual dos Recursos em Processo Civil*, 8.ª ed., pág. 265.

de pareceres, de modo que sendo racionalmente incompreensível vedar a junção de pareceres (*maxime*, de pareceres de jurisconsultos) em sede de revista, que incide fundamentalmente sobre matéria de direito, a mesma continua a encontrar apoio nesta norma, aplicável *ex vi* art. 726.º.[131]

10. Julgamento

10.1. O *julgamento do recurso de revista* obedece ao regime prescrito para o da apelação, com as modificações que naturalmente emergem da circunscrição da competência do STJ ao que constitua matéria de direito e sem embargo das soluções específicas que decorrem dos arts. 726.º e segs.

Assim se explica a expressa exclusão da aplicabilidade do preceituado no art. 712.º, já que a fixação da matéria de facto é da exclusiva competência das instâncias, apenas se permitindo a intromissão do STJ na medida em que o erro de julgamento tenha subjacente a errada aplicação da lei de processo (art. 722.º, n.º 1, al. b)) ou tenha havido ofensa de disposição legal expressa que exija certa espécie de prova ou fixe a força de determinado meio de prova, nos termos do art. 722.º, n.º 3.

Por conseguinte, a não ser nos referidos casos excepcionais, ressalvados, aliás, pelo art. 729.º, n.º 2, de nada valerá ao recorrente suscitar nas alegações do recurso de revista questões relacionadas com a *matéria de facto* que a Relação considerou provada ou não provada, devendo o apelante circunscrever as suas alegações ao modo como o tribunal determinou, interpretou e aplicou as normas jurídicas aos factos definitivamente fixados pela Relação, de acordo com o art. 729.º, n.º 1.

10.2. Já anteriormente dissemos que o recorrente pode invocar *nulidades do acórdão da Relação*, devendo fazê-lo expressa e separadamente no requerimento de interposição, com subsequente motivação no corpo das alegações e formulação das respectivas conclusões.

A actividade correspondente do STJ é definida, depois, pelo disposto no art. 731.º.

10.3. Importa que seja respeitado o art. 87.º, n.º 3, do CPT, quanto à intervenção do *Ministério Público*, nos casos em que este não seja parte ou não patrocine alguma das partes.

---

[131] Cfr. ABRANTES GERALDES, *Recursos em Processo Civil – Novo Regime*, 3.ª ed., anot., LEBRE DE FREITAS e RIBEIRO MENDES, *CPC anot.*, vol. III, tomo I, 2.ª ed., págs. 179 e 180.

11. Julgamento ampliado

11.1. Aplica-se no foro laboral o regime previsto para o *julgamento ampliado da revista* (arts. 732.º-A e 732.º-B do CPC, *ex vi* art. 87.º, n.º 1, do CPT), entendendo-se feita à *secção social* a referência que naqueles preceitos é feita às *"secções cíveis"*.[132]

11.2. O julgamento ampliado da revista está prescrito para situações em que se revele *"necessário ou conveniente"* para assegurar a uniformidade de jurisprudência.

O julgamento ampliado da revista revelar-se-á *"necessário"* quando seja provável o vencimento de uma solução jurídica que esteja em oposição com jurisprudência uniformizada no domínio da mesma legislação e sobre a mesma questão fundamental de direito.

Tal situação exige a verificação dos seguintes *requisitos*:

a) *Identidade* entre a questão de direito que está em discussão no recurso de revista e a que foi objecto de acórdão de uniformização de jurisprudência;

b) *Diversidade* entre a resposta projectada e aquela que foi dada em tal acórdão de uniformização;

c) Carácter *essencial* da questão para a resolução do recurso de revista;

d) Identidade substantiva do *quadro normativo* em que se insere a questão.

Deste modo, sempre que houver a percepção de que a maioria do colectivo rejeita a adesão à jurisprudência anteriormente uniformizada, qualquer dos elementos deve propor ao Presidente do Supremo o julgamento ampliado da revista.

Ainda assim, não está integralmente afastada a possibilidade de ser proferido acórdão em sentido diverso da jurisprudência uniformizada. Basta que, contra o que a lei determina, seja ignorado pelo relator ou pelos adjuntos o dever de proporem ao Presidente o julgamento ampliado da revista ou que, apesar disso, o Presidente negue a sujeição da revista ao julgamento ampliado.

---

[132] Cfr. ABRANTES GERALDES, *Recursos em Processo Civil – Novo Regime*, 3.ª ed., anot. aos arts. 732.º-A e 732.º-B do CPC.

Nestes casos mais não resta ao interessado do que esperar pelo trânsito em julgado do acórdão, interpondo, então, no prazo de 30 dias, o *recurso extraordinário para uniformização de jurisprudência*, nos termos dos arts. 763.º e segs.

11.3. A submissão da revista a julgamento ampliado pode ainda verificar-se quando tal se mostre *"conveniente"*, situação que apela à intervenção de elementos subjectivos, por natureza mais difusos e insusceptíveis de se conterem na malha de argumentos formais.

O objectivo que se prossegue quando se requer ou se aprecia a conveniência na intervenção do Pleno da secção social mantém-se: assegurar a uniformidade da jurisprudência. Porém, enquanto na primeira situação tal objectivo já está formalmente garantido pela publicitação de acórdão uniformizador, agora são razões de *"conveniência"* que visam evitar ou superar uma situação de indesejável diversidade interpretativa.[133]

Para o efeito não bastará a existência de interpretações divergentes sobre uma determinada questão, já que praticamente não haveria recurso que não reunisse condições para se sujeitar a tal forma de julgamento.[134] Também não parece correcta uma solução que traduza a atribuição ao Presidente de um poder arbitrário.

Na previsão legal poderão integrar-se as situações em que se mostre indesejável ou inconveniente para o sistema a consumação de jurisprudência contraditória ao nível do Supremo ou a persistência de uma divergência jurisprudencial já efectiva, sem que seja previsível a prevalência de alguma das teses antagónicas; outrossim, quando o ordenamento jurídico tenha sido sujeito a modificações ou seja visível uma modificação substancial da realidade presente no momento em que foi assumida a anterior jurisprudência uniformizada.[135]

---

[133] Conforme refere TEIXEIRA DE SOUSA, "na hipótese em que apenas se verifica o risco de contradição com a jurisprudência ordinária do Supremo, a escolha do Presidente deste Tribunal tem maior amplitude, pois que lhe incumbe verificar se a questão em apreciação está suficientemente trabalhada na jurisprudência e na doutrina para ser submetida à uniformização jurisprudencial" (*Estudos Sobre o Novo Processo Civil*, 2.ª ed., pág. 558).

[134] Nos termos do Ac. do STJ, de 20-11-03 (*www.dgsi.pt*), o dever consignado no art. 732.º-A, n.º 2 [anterior redacção], para o relator, adjuntos e presidente da secção de sugerir o julgamento ampliado da revista, quando as partes e o Ministério Público nada requereram nesse sentido, tem necessariamente que se basear no prévio entendimento da sua parte de que se justifica a intervenção do Pleno.

[135] Cfr. CASTANHEIRA NEVES, citado por AMÂNCIO FERREIRA, *Manual dos Recursos em Processo Civil*, 8.ª ed., págs. 287 e 301.

Não está de todo afastada a possibilidade de o julgamento ampliado de revista ser determinado relativamente a questões que ainda nem sequer foram apreciadas pelo Supremo, mas cuja solução seja controversa, o que pode suceder quando se pressinta diversidade de entendimentos prejudicial à boa administração da Justiça, verificando-se ser vantajosa a imediata clarificação da questão, a fim de evitar que se consumem posições divergentes.[136] Sem embargo, devem ser ponderadas as vantagens que uma mais ampla discussão possa acarretar, ajudando a que se tracem caminhos alternativos que efectivamente permitam a convergência entre o Direito e a Sociedade que aquele visa regular.[137]

Em qualquer dos casos, devem ter-se em especial atenção as divergências que, pelos seus efeitos, causem maior perturbação nos princípios da segurança e da certeza do ordenamento jurídico, designadamente pelos danos que para os interessados advenham da instabilidade interpretativa.

11.4. O *julgamento ampliado* pode ser requerido por qualquer das partes, para sustentar a manutenção da jurisprudência uniformizada que tenha sido desrespeitada, suscitar a sua reapreciação ou conseguir do Supremo uma orientação uniformizadora com repercussão directa no litígio em que participam como interessados e com efeitos em futuros diferendos.

Quando advenha do recorrente, a *iniciativa* deve ser inscrita no requerimento de interposição de recurso ou nas respectivas alegações em simultâneo apresentadas. O facto de no n.º 1 se prever a possibilidade de o Presidente do Supremo determinar o processamento do julgamento na

---

[136] Neste sentido cfr. BALTAZAR COELHO, *Algumas notas sobre o julgamento ampliado da revista e do agravo*, na CJSTJ, 1997, tomo I, pág. 30, nota 34, RIBEIRO MENDES, *Os Recursos no Código de Processo Civil Revisto*, pág. 104, e LEBRE DE FREITAS e RIBEIRO MENDES, *CPC anot.*, vol. III, tomo I, 2.ª ed., pág. 197.

Sobre o tema cfr. ainda ISABEL ALEXANDRE, *Problemas recentes da uniformização de jurisprudência em processo civil*, na ROA, 2000, tomo I, pág. 132, defendendo ser conveniente a uniformização de jurisprudência quando exista um acórdão anterior susceptível de ser contrariado e se considere que nem o conflito é meramente pontual, nem se revela prematura a resolução do conflito. E ainda quando se verifique a possibilidade de o Supremo proferir acórdãos contraditórios, revelando-se vantajosa a resolução imediata da questão.

[137] Por isso mesmo TEIXEIRA DE SOUSA refere que, em tais casos, cabe ao Presidente "verificar se a apreciação está suficientemente trabalhada na jurisprudência e na doutrina para ser submetida à uniformização jurisprudencial" (*Estudos Sobre o Novo Processo Civil*, 2.ª ed., pág. 558).

modalidade de revista ampliada até à prolação do acórdão não significa que às partes seja legítimo apresentar o requerimento fora daqueles momentos.[138]

Tal requerimento deve ser *fundamentado*, designadamente com a alusão aos entendimentos jurisprudenciais ou doutrinais divergentes e ao relevo que uma decisão com o valor da jurisprudência uniformizada possa determinar,[139] cabendo ao Presidente do Supremo decidir de acordo com os demais elementos de que dispuser.[140]

Em qualquer caso, o requerimento será sujeito ao princípio do *contraditório* exercido por ocasião da apresentação das contra-alegações, se o requerimento provier do recorrente, ou em acto avulso, se a iniciativa for do recorrido.

A não submissão da revista a julgamento ampliado, apesar de ser requerido pelas partes, não é passível de impugnação, restando à parte vencida apresentar em momento oportuno requerimento de interposição de recurso extraordinário para uniformização de jurisprudência, nos termos dos arts. 763.º e segs.[141]

---

[138] Discorda-se do entendimento expresso por BALTAZAR COELHO (*Algumas notas sobre o julgamento ampliado da revista e do agravo*, na CJSTJ, 1997, tomo I, pág. 28) por LUÍS MENDONÇA e HENRIQUE ANTUNES (*Dos Recursos*, pág. 304) e também pressuposto nos Acs. do STJ, de 18-9-03 e de 17-10-06 (*www.dgsi.pt*), no sentido de o requerimento e a justificação do julgamento ampliado de revista poderem ser apresentados até à prolação do acórdão. Aproximamo-nos mais do Ac. do STJ, de 12-9-06 (*www.dgsi.pt*), onde se defendeu que o requerimento deve acompanhar as alegações, embora admitindo ainda que possa ser apresentado até ao exame preliminar do relator, após a distribuição.

[139] Já anteriormente se decidira no Ac. do STJ, de 12-9-06 (*www.dgsi.pt*), que a parte deveria invocar as razões para a intervenção do Pleno das secções cíveis, considerando insuficiente dizer que existe "forte possibilidade de contradição entre acórdãos proferidos, acerca da mesma questão de Direito" sem sequer aludir a um único acórdão que na óptica da recorrente pudesse estar em contradição com o acórdão de que recorria.

[140] Em matéria penal, o *Ac. de Uniformização n.º 5/06*, publicado no D.R., 1.ª Série, de 6-6-06, concluiu que "*no requerimento de interposição do recurso extraordinário de fixação de jurisprudência (art. 437.º, n.º 1, do CPP), o recorrente, ao pedir a resolução do conflito (art. 445.º, n.º 1), não tem de indicar o sentido em que deve fixar-se a jurisprudência (art. 442.º, n.º 2)*". Deste modo, foi alterada a jurisprudência que havia sido fixada pelo *Assento do STJ n.º 9/00*, de 4-5-00, D.R., 1.ª Série-A, de 23-5-00, onde se concluiu que a indicação do sentido em que deveria fixar-se a jurisprudência era requisito necessário, sob pena de rejeição.

[141] No Ac. do STJ, de 7-2-02 (*www.dgsi.pt*), decidiu-se que não era impugnável o uso ou não uso pelo relator ou pelos adjuntos e presidente da secção da faculdade de sugerir ao Presidente do STJ o julgamento ampliado que havia sido requerido pelas partes.

Em qualquer dos casos, independentemente de quem tenha a iniciativa, a opção entre o julgamento da revista nos termos normais ou pelo Pleno da secção social é da exclusiva competência do Presidente do Supremo,[142] dotado de um poder vinculado,[143] podendo ser dele a iniciativa,[144] designadamente quando, apesar da inércia de qualquer dos referidos intervenientes, estiver ciente da divergência jurisprudencial e dos benefícios que podem decorrer da sua resolução pelo STJ.[145]

11.5. Nos casos em que *Ministério Público* intervém como representante de uma das partes (*v.g.* o Estado, o Estado-colectividade, em defesa de interesses difusos, de menores, de incapazes ou de ausentes) a legitimação para promover o julgamento ampliado é inerente a tal qualidade. Outrossim quando no uso dos poderes conferidos pelo art. 3.º, n.º 1, al. m), da LOMP, o recurso seja interposto com fundamento na violação de lei expressa.

Sem embargo, a lei atribui-lhe essa iniciativa em todos os demais casos, ainda que, como é evidente, tal possibilidade esteja condicionada

---

[142] Assim se decidiu no Ac. do STJ, de 7-2-02 (*www.dgsi.pt*), segundo o qual é da exclusiva competência do Presidente do Supremo Tribunal de Justiça determinar, até à prolação do acórdão, que o julgamento do recurso se faça em plenário das secções cíveis, sendo tal despacho inimpugnável.

[143] LEBRE DE FREITAS e RIBEIRO MENDES consideram que se trata de um poder discricionário (*CPC anot.*, vol III, tomo I, 2.ª ed., pág. 196), posição também assumida por RIBEIRO MENDES em *Recursos no CPC Revisto*, pág. 105 (e ainda em *Recursos em Processo Civil – Reforma de 2007*, pág. 169). No mesmo sentido cfr. AMÂNCIO FERREIRA, *Manual dos Recursos em Processo Civil*, 8.ª ed., pág. 290, com apelo ao carácter definitivo da decisão.

Cremos mais ajustado considerar a intervenção como poder-dever ou poder vinculado, como defendem ISABEL ALEXANDRE, *Problemas recentes da uniformização de jurisprudência em processo civil*, na ROA, 2000, tomo I, pág. 137, e BALTAZAR COELHO, *Algumas notas sobre o julgamento ampliado da revista e do agravo*, na CJSTJ, 1997, tomo I, págs. 28 e 29.

[144] Ainda que a sua intervenção seja potenciada por iniciativas vindas dos diversos intervenientes que mais directamente são confrontados com a situação de necessidade ou de oportunidade no julgamento ampliado da revista. Discorda-se, assim, da posição expressa por CARDONA FERREIRA, *Guia de Recursos em Processo Civil*, 4.ª ed., pág. 107.

[145] RIBEIRO MENDES estabelece uma distinção entre os casos em que a submissão da revista a julgamento ampliado é a *título resolutivo*, "para resolver conflitos jurisprudenciais actuais do exerce uma função preventiva", ou a *título preventivo*, a fim de "evitar eventuais conflitos jurisprudenciais que sejam previsíveis", o que pode acontecer quando haja a probabilidade de prolação de decisões contraditórias ou até a existência de debates doutrinais sobre certa questão (*Os Recursos no Código de Processo Civil Revisto*, pág. 104).

pela anterior interposição de recurso pela parte vencida.[146] A proposta pode ser apresentada em qualquer etapa do percurso posterior, desde que anterior à prolação do acórdão.

Ainda que esta iniciativa se inscreva no interesse da lei, os seus efeitos repercutir-se-ão necessariamente também na resolução do caso concreto.

11.6. Importa ainda ponderar a persistência da norma especial do art. 186.º do CPT, segundo o qual *"o acórdão do STJ sobre questões a que se refere o art. 183.º tem o valor ampliado da revista em processo civil e é publicado na 1.ª Série do jornal oficial e no Boletim do Trabalho e Emprego"*.[147]

11.7. É aplicável no foro laboral a possibilidade de serem apresentadas *alegações orais*, nos termos agora definidos no art. 727.º-A.

11.8. *Acórdãos de Uniformização de Jurisprudência da Secção Social* que ainda mantêm interesse:

– *Ac.UJ n.º 16/96:*

"Viola o princípio de «para trabalho igual salário igual», inscrito no art. 59.º, n.º 1, al. a), da CRP, a entidade patronal que pratique discriminação salarial fundada em absentismo justificado por doença do trabalhador".

– *Ac.UJ n.º 2/00:*

"Embora as empresas não possam baixar de grupo no momento da entrada em vigor da tabela salarial, nada impede as mesmas de posteriormente baixar de grupo, verificadas as alterações da facturação trianual que permitam essa baixa, mas mantendo os níveis salariais enquanto aquela tabela não for alterada".

---

[146] Decidiu-se no Ac. do STJ, de 9-5-02, CJSTJ, tomo II, pág. 5, que o Ministério Público só pode requerer que se proceda ao julgamento ampliado de revista, para assegurar uniformização de jurisprudência, no âmbito de um *recurso já interposto* por uma das partes. Não tem legitimidade para deduzir recurso alargado de revista em processos em que não seja parte.

[147] Segundo AMÂNCIO FERREIRA, *Manual dos Recursos em Processo Civil*, 8.ª ed., pág. 284, no julgamento do recurso deve intervir o Pleno da Secção Social e não apenas os três juízes que integram a conferência nos termos normais. Com efeito, apesar de o preceito se reportar apenas ao valor ampliado da revista, não pode prescindir da tramitação especificamente prevista no art. 732.º-B para a revista ampliada.

– *Ac.UJ n.º 2/02:*

"Terminando em período de férias judiciais o prazo de 30 dias para ser proposta acção de impugnação de despedimento individual como condição da manutenção da eficácia de pedido de suspensão de despedimento ou de suspensão já decretada (art. 45.º, n.º 1, do CPT, aprovado pelo Dec. Lei n.º 272-A/81, de 30-9), esse termo transfere-se para o primeiro dia útil após férias [art. 279.º, al. e), do CC]".

– *Ac.UJ n.º 1/03:*

"O trabalhador despedido (individual ou colectivamente) pode socorrer-se do procedimento cautelar de suspensão de despedimento desde que esta seja a causa invocada pela entidade patronal para cessação da relação laboral ou, na sua não indicação, se configure a verosimilhança de um despedimento. Os meios de prova consentidos pelos arts. 35.º e 43.º, ambos do CPT, destinam-se a fundar a verosimilhança necessária para a concessão da providência cautelar de suspensão de despedimento".

– *Ac.UJ n.º 4/03:*

"A caducidade do procedimento disciplinar, nos termos do art. 31.º, n.º 1, do RJCIT, não é de conhecimento oficioso".

– *Ac.UJ n.º 1/04:*

"Declarada judicialmente a ilicitude do despedimento, o momento a atender como limite temporal final, para a definição dos direitos conferidos ao trabalhador pelo art. 13.º, n.ºˢ 1, al. a), e 3, do regime jurídico aprovado pelo Dec. Lei n.º 64-A/89, de 27-2, é, não necessariamente a data da sentença da 1.ª instância, mas a data da decisão final, sentença ou acórdão, que haja declarado ou confirmado aquela ilicitude".

– *Ac.UJ n.º 6/06:*

"O montante da caução que a parte vencida tem a faculdade de prestar, nos termos do art. 79.º, n.º 1, do CPT de 1981, para obter o efeito suspensivo do recurso de apelação, deve corresponder ao quantitativo provável do crédito, abrangendo quer a parte líquida quer a parte ilíquida da condenação".

– *Ac.UJ n.º 8/09:*

"O regime especial de caducidade anual a que estavam sujeitos os contratos de trabalho celebrados, em acumulação, entre os docentes do ensino público e os estabelecimentos de ensino particular, que decorria dos Dec. Leis n.ºˢ 266//77, de 1-7, 553/80, de 21-11, e 300/81, de 5-11, e do Desp. n.º 92/ME/88, do Min. da Educação, de 17-5, não foi afectado pela entrada em vigor do Estatuto aprovado pelo Dec. Lei n.º 139-A/90, de 28-4, e da Port. n.º 652/99, de 14-8, que o regulamentou".

11.9. Mais do que ocorre com a jurisprudência constante do Supremo, a *jurisprudência uniformizada* deve merecer da parte de todos os juízes uma atenção especial. O respeito pela qualidade e pelo valor intrínseco da jurisprudência uniformizada conduzirá a que só razões muito ponderosas poderão justificar desvios de interpretação das normas jurídicas em causa (*v.g.* violação de determinados princípios que firam a consciência jurídica ou manifesta desactualização da jurisprudência face à evolução da sociedade).

Apenas quando estiver preenchido um circunstancialismo complexo será de ponderar a adesão à tese oposta àquela que anteriormente obteve vencimento, podendo elencar-se as seguintes situações:[148]

a) A manutenção ou o surgimento de *argumentos jurídicos* que não tenham sido convincentemente rebatidos pelo acórdão uniformizador;

b) A manutenção ou ampla *renovação do quadro* de juízes que integram a secção social do Supremo que faça prever uma mudança de posição (cfr. art. 732.º-A, n.º 3);

c) O *período de tempo* decorrido desde a prolação do acórdão uniformizador, conjugado com relevantes modificações no regime jurídico ou no diploma em que se enquadra a norma cuja interpretação uniformizadora se efectivou, ou a partir da ponderação de alterações sensíveis das condições específicas constatadas no momento da aplicação (art. 9.º, n.º 2, do CC);

d) A *contrariedade* insolúvel da consciência ético-jurídica do julgador em caso de adesão à jurisprudência uniformizadora.

Ainda que a jurisprudência uniformizada não tenha força obrigatória, o legislador previu mecanismos que se destinam a reduzir a margem de discordância. Com efeito, nos termos do art. 678.º, n.º 2, al. c), admite-se recurso até ao Supremo, independentemente do valor da causa ou de outros factores como a dupla conforme, sempre que sejam proferidas decisões contrárias à jurisprudência uniformizada.

---

[148] Reportando-se a semelhante questão no âmbito da jurisdição administrativa, FERNANDES CADILHA releva a alteração da composição do tribunal de recurso que faça prever o vencimento de solução diversa, a existência de debate doutrinal questionando fundamentadamente anterior jurisprudência e a invocação de novos argumentos que critiquem de modo fundado a solução anterior (*CPTA anot.*, pág. 847).

IV
RECURSO PARA UNIFORMIZAÇÃO DE JURISPRUDÊNCIA

Artigo 763.º
(Fundamento do recurso)

1 – As partes podem interpor recurso para o Pleno das secções cíveis do Supremo Tribunal de Justiça quando o Supremo proferir acórdão que esteja em contradição com outro anteriormente proferido pelo mesmo tribunal, no domínio da mesma legislação e sobre a mesma questão fundamental de direito.
2 – Como fundamento só pode invocar-se acórdão anterior com trânsito em julgado, presumindo-se o trânsito.
3 – O recurso não é admitido se a orientação perfilhada no acórdão recorrido estiver de acordo com jurisprudência uniformizada do Supremo Tribunal de Justiça.

Artigo 764.º
(Prazo para a interposição)

1 – O recurso para uniformização de jurisprudência é interposto no prazo de 30 dias, contados do trânsito em julgado do acórdão recorrido.
2 – O recorrido dispõe de prazo idêntico para responder à alegação do recorrente, contado da data em que tenha sido notificado da respectiva apresentação.

Artigo 765.º
(Instrução do requerimento)

1 – O requerimento de interposição, que é autuado por apenso ao processo, deve conter a alegação do recorrente, na qual se identifiquem os elementos que determinam a contradição alegada e a violação imputada ao acórdão recorrido.

2 – Com o requerimento previsto no número anterior, o recorrente junta cópia do acórdão anteriormente proferido pelo Supremo, com o qual o acórdão recorrido se encontra em oposição.

Artigo 766.º
(Recurso por parte do Ministério Público)

O recurso de uniformização de jurisprudência deve ser interposto pelo Ministério Público, mesmo quando não seja parte na causa, mas, neste caso, não tem qualquer interferência na decisão desta, destinando-se unicamente à emissão de acórdão de uniformização sobre conflito de jurisprudência.

Artigo 767.º
(Apreciação liminar)

1 – Recebidas as contra-alegações ou expirado o prazo para a sua apresentação, é o processo concluso ao relator para exame preliminar, sendo o recurso rejeitado, para além dos casos previstos no n.º 2 do artigo 685.º-C, sempre que o recorrente não haja cumprido os ónus estabelecidos no artigo 765.º, não exista a oposição que lhe serve de fundamento ou ocorra a situação prevista no n.º 3 do artigo 763.º.

2 – Da decisão do relator pode o recorrente reclamar para a conferência.

3 – Findo o prazo de resposta do recorrido, a conferência decide da verificação dos pressupostos do recurso, incluindo a contradição invocada como seu fundamento.

4 – O acórdão da conferência previsto no número anterior é irrecorrível, sem prejuízo de o Pleno das secções cíveis, ao julgar o recurso, poder decidir em sentido contrário.

Artigo 768.º
(Efeito do recurso)

O recurso para uniformização de jurisprudência tem efeito meramente devolutivo.

Artigo 769.º
(Prestação de caução)

Se estiver pendente ou for promovida a execução da sentença, não pode o exequente ou qualquer credor ser pago em dinheiro ou em quaisquer bens sem prestar caução.

Artigo 770.º
(Julgamento e termos a seguir quando o recurso é procedente)

1 – Ao julgamento do recurso é aplicável o disposto no artigo 732.º-B, com as necessárias adaptações.

2 – Sem prejuízo do disposto no artigo 766.º, a decisão que verifique a existência da contradição jurisprudencial revoga o acórdão recorrido e substitui-o por outro em que se decide a questão controvertida.

3 – A decisão de provimento do recurso não afecta qualquer sentença anterior à que tenha sido impugnada nem as situações jurídicas constituídas ao seu abrigo.

---

1. Introdução

Ainda que de natureza *extraordinária* e com efeitos meramente devolutivos (art. 768.º do CPC), foi reintroduzido, na prática, o recurso para o Pleno que vigorou antes da reforma do processo civil de 1995.[149]

---

[149] Previa o anterior art. 763.º, n.º 1:
"*Se no domínio da mesma legislação, o STJ proferir dois acórdãos que, relativamente à mesma questão fundamental de direito, assentem sobre soluções opostas, pode recorrer-se para o Tribunal Pleno do acórdão proferido em último lugar*".
Sobre a evolução histórica do instituto dos Assentos e sobre a criação do recurso para o Pleno cfr. RIBEIRO MENDES, *Recursos em Processo Civil*, págs. 273 e segs., e LEBRE DE FREITAS e RIBEIRO MENDES, *CPC anot.*, vol. III, tomo I, 2.ª ed., págs. 190 e segs.

Este novo instrumento cria, na realidade, mais um grau de jurisdição, com reflexos previsíveis no acréscimo da litigiosidade e no prolongamento da instabilidade de acórdãos emanados do Supremo Tribunal de Justiça.[150]

Com efeito, considerando a diversidade jurisprudencial que ainda se verifica ao nível do Supremo e a ausência de qualquer limitação temporal em relação aos arestos que podem ser invocados para despoletar o recurso extraordinário, a discordância em relação ao resultado final encontra agora mais um pretexto para prolongar o diferendo se e enquanto não se criar uma malha significativa de acórdãos de uniformização que, nos termos do art. 763.º, n.º 3, trave os impulsos litigantes.

Mais justificada parece a interposição de recurso extraordinário no mero *interesse da lei*, nos termos do art. 766.º. O facto de o Ministério Público se guiar por razões objectivas resultantes do simples confronto de dois acórdãos do Supremo, aliado ao facto de o acórdão uniformizador não exercer influência no caso concreto tornaria mais compreensível esta opção do legislador que, assim, no puro interesse da lei, potenciaria a redução da diversidade de respostas sobre questões jurídicas idênticas.

2. Requisitos

2.1. O recurso extraordinário para uniformização de jurisprudência assenta nos seguintes *vectores fundamentais*:[151]

a) *Diversidade* entre o acórdão recorrido, emanado do Supremo, e outro acórdão do Supremo relativamente à mesma questão de direito;[152]

---

[150] Cfr. ABRANTES GERALDES, *Recursos em Processo Civil – Novo Regime*, 3.ª ed., anot. ao art. 763.º do CPC, RIBEIRO MENDES, *Sobre o anteprojecto de revisão de recursos em processo civil*, na colectânea *Novas Exigências do Processo Civil*, pela *Associação Jurídica do Porto*, pág. 232, e AMÂNCIO FERREIRA, *Manual dos Recursos em Processo Civil*, 8.ª ed., pág. 82.

[151] Sobre a matéria, em face do novo regime, cfr. ABRANTES GERALDES, *Recursos em Processo Civil – Novo Regime*, 3.ª ed., anot. aos arts. 763.º e segs., do CPC, LEBRE DE FREITAS e RIBEIRO MENDES, *CPC anot.*, vol. III, 2.ª ed., págs. 297 e segs., e RIBEIRO MENDES, *Recursos em Processo Civil – Reforma de 2007*, págs. 186 e segs.

[152] Não se exige que as decisões sejam frontalmente opostas, bastando que sejam diversas, como refere CASTRO MENDES, *Direito Processual Civil*, vol. III, pág. 118.

Terão de ser necessariamente *acórdãos*, e não decisões individuais do relator. A alusão a um acórdão necessariamente impede que se invoque, como fundamento do recurso extra-ordinário, *decisão singular* do relator, como se decidiu, a respeito do anterior art. 754.º, n.º, 2, no Ac. do STJ, de 17-2-09, CJSTJ, tomo I, pág. 102. Neste aresto concluiu-se ainda que a contradição relevante é entre decisões e não entre uma decisão e a fundamentação de outra.

b) *Essencialidade* da questão jurídica em relação à qual se manifesta a divergência;

c) *Identidade substantiva* do quadro normativo em que se insere a questão de direito;[153]

d) *Trânsito em julgado* de ambos acórdãos, presumindo-se o trânsito quanto ao acórdão-fundamento;[154]

e) *Impede a admissão* de recurso extraordinário o facto de o acórdão recorrido ter adoptado jurisprudência anteriormente uniformizada pelo Supremo.[155]

2.2. A *natureza extraordinária* do recurso, com efeitos que diferem dos recursos ordinários, explica por que razão a interposição do recurso ocorre depois de transitado em julgado o acórdão recorrido.

Para efeitos de admissibilidade do recurso, importa sobremaneira determinar a exacta data em que o acórdão recorrido se considera transitado em julgado.

Por um lado, o requerimento de interposição não pode ser apresentado enquanto o acórdão estiver pendente de alguma reclamação relacionada com pedidos de aclaração ou de arguição de nulidades, nos termos dos arts. 731.º e 732.º, ou do resultado de recurso interposto em matéria de constitucionalidade. Por outro lado, o direito do interessado preclude passados 30 dias depois do trânsito em julgado. Ambos os factores – *prematuridade* e *extemporaneidade* – determinam a falta de uma condição de admissibilidade do recurso extraordinário.

O requerimento de interposição, com as respectivas alegações e demais expediente, deve ser apresentado na secretaria judicial. Não está sujeito a distribuição, pois, ao invés do que sucedia com o texto anterior a 1996, em que os recursos para o Pleno constituíam uma espécie autó-

---

[153] O n.º 2 da versão anterior do art. 763.º estabelecia:
"*Os acórdãos consideram-se proferidos no domínio da mesma legislação sempre que, durante o intervalo da sua publicação, não tenha sido introduzida qualquer modificação legislativa que interfira, directa ou indirectamente, na resolução da questão de direito controvertida*".

[154] Presunção que pode ser ilidida mediante a apresentação de prova em sentido diverso. Em situação de dúvida, impõe-se ao tribunal que diligencie pelo esclarecimento da situação. O trânsito em julgado do acórdão recorrido deve reportar-se aos 30 dias antecedentes (art. 764.º do CPC).

[155] Cfr. TEIXEIRA DE SOUSA, *Reflexões sobre a reforma dos recursos em processo civil*, em *Cadernos de Direito Privado*, n.º 20, pág. 12.

noma, não se encontra na actual redacção do art. 225.º menção especial ao recurso extraordinário para uniformização de jurisprudência.[156] Consequentemente, *mantém-se o relator* a quem o processo foi inicialmente distribuído como revista.[157]

2.3. A parte contrária tem o direito de *responder* quer quanto aos aspectos de ordem formal (admissibilidade, tempestividade, legitimidade, etc.), quer quanto aos de ordem material ligados aos fundamentos do recurso.

3. Prazo

O *prazo* de 30 dias é de natureza processual, seguindo o regime do art. 144.º do CPC. Daí decorre a oficiosidade na verificação do decurso de tal prazo peremptório.[158]

4. Legitimidade activa

4.1. Em princípio, apenas a parte vencida detém *legitimidade* para interpor recurso.[159]

---

[156] Contrapõe AMÂNCIO FERREIRA, *Manual dos Recursos em Processo Civil*, 9.ª ed., pág. 317, nota 633, que o recurso extraordinário é sujeito a *nova distribuição*, considerando que terá existido "esquecimento" do legislador ao não introduzir no art. 225.º do CPC a correspondente espécie. Ora, o art. 765.º prescreve que o recurso extraordinário corre por "*apenso*" ao processo onde foi proferido o acórdão recorrido, o que inculca a desnecessidade daquela operação de distribuição e a confiança do recurso ao mesmo relator a que foi distribuído o processo principal.
No sentido que defendemos cfr. LUÍS LAMEIRAS, *Notas Práticas ao Regime dos Recursos em Processo Civil*, págs. 188 e 193, LUÍS MENDONÇA e HENRIQUE ANTUNES, *Dos Recursos*, pág. 321, LEBRE DE FREITAS e RIBEIRO MENDES, *CPC anot.*, vol. III, tomo I, 2.ª ed., pág. 212 (ainda que criticando a solução legal), e RIBEIRO MENDES, *Recursos em Processo Civil – Reforma de 2007*, pág. 192, nota 199.

[157] O risco de o juízo formado ser viciado por pré-concebida solução (LEBRE DE FREITAS e RIBEIRO MENDES, *CPC anot.*, vol. III, tomo I, 2.ª ed., pág. 212) está afastado pelo facto de o projecto de acórdão ser submetido à apreciação de pelo menos 3/4 dos juízes da Secção Social do STJ.

[158] LEBRE DE FREITAS e RIBEIRO MENDES, aderindo a jurisprudência do STJ "firmada nesse sentido", consideram que, para efeitos de determinação da data do trânsito em julgado, não deve contar-se o prazo suplementar de 3 dias referido no art. 145.º, n.º 5, do CPC (*CPC anot.*, vol. III, tomo I, 2.ª ed., pág. 10).

[159] O facto de a lei atribuir legitimidade às "*partes*" (n.º 1) não significa uma inversão da regra sobre legitimidade em matéria de recursos cingida à parte vencida. Também os recursos extraordinários estão submetidos à regra geral constante do art. 680.º, n.º 1, do CPC.

Sendo a parte patrocinada pelo Ministério Público, nos termos que especialmente resultam do CPT, a legitimidade para a interposição de recurso obedece à regra geral.

4.2. Num desvio à regra geral que consta do art. 680.º, n.º 1, segundo a qual a legitimidade é exclusiva da parte principal na causa que tenha ficado vencida, confere-se ao Ministério Público *legitimidade extraordinária*, no exclusivo interesse da lei, quando se manifeste interesse na fixação de jurisprudência uniformizada, mesmo sem repercussão no caso concreto.

Não sendo parte em tais circunstâncias, o Ministério Público está submetido a um estatuto que proporciona um maior grau de objectividade, podendo, assim, impulsionar a clarificação jurisprudencial quando a mesma não tenha sido conseguida por outros meios, nem sequer depois de eventual promoção do julgamento ampliado da revista (art. 732.º-A, n.º 1).

Mas não deixará de estar onerado com a necessidade de identificar a *questão de direito* objecto de alegada contradição jurisprudencial. Por outro lado, à semelhança do que consta do art. 765.º, n.º 1, deve alegar a *violação de lei* que é imputada ao acórdão recorrido.

5. Tramitação

5.1. À semelhança do que acontece com os recursos ordinários, as *alegações* devem ser apresentadas com o requerimento de interposição.

O objecto do recurso não se limita à definição da controvérsia formada sobre questão de direito, exigindo-se ainda a invocação da contradição imputada ao acórdão recorrido.

Assim, com alusão quer ao acórdão recorrido, quer ao acórdão-fundamento, o recorrente deve isolar a *questão* ou questões jurídicas que foram objecto de decisões contraditórias no domínio da mesma legislação. Encontrando-se necessariamente fixada a matéria de facto, só importam para o caso divergências que incidam sobre questões de direito.

Além disso, o recorrente não poderá deixar de identificar a norma ou *normas jurídicas violadas*,[160] quer por erro de interpretação ou de

---

[160] Naturalmente isto implica que o recorrente afirme a ilegalidade da decisão recorrida, sem o que faltaria legitimidade para a interposição de recurso. Neste sentido cfr. também CASTRO MENDES, *Direito Processual Civil*, vol. III, pág. 122.

aplicação das normas, quer por erro na determinação do direito aplicável, em termos semelhantes aos que decorrem do art. 722.º, n.º 1, als. a) e b).

Cabe no recurso extraordinário tanto a violação de lei substantiva como a violação ou errada aplicação de lei de processo.[161]

Em qualquer dos casos os argumentos devem terminar por *proposições conclusivas*, atenta a sujeição do recurso extraordinário à norma geral do art. 685.º-A.[162]

5.2. Com o requerimento (e com as respectivas alegações) o recorrente deve apresentar cópia do *acórdão-fundamento*[163] que justifica a existência de contradição de julgados apurada pelo mero confronto entre esse acórdão e o acórdão proferido no processo principal. Tal exigência específica resulta do art. 684.º-B, n.º 1.

Sem embargo da junção de *certidão* do acórdão,[164] creio que a exigência legal é compatível com outras formas de comprovação do seu

---

[161] De entre os fundamentos previstos no art. 722.º do CPC exclui-se a nulidade do acórdão recorrido, como também já anteriormente defendia CASTRO MENDES, *Direito Processual Civil*, vol. III, pág. 122.

[162] Em matéria penal, o *Ac. de UJ n.º 5/06*, no D.R., 1.ª Série, de 6-6-06, concluiu que *"no requerimento de interposição do recurso extraordinário de fixação de jurisprudência (art. 437.º, n.º 1, do CPP), o recorrente, ao pedir a resolução do conflito (art. 445.º, n.º 1), não tem de indicar o sentido em que deve fixar-se a jurisprudência (art. 442.º, n.º 2)"*.

Assim, foi alterada a jurisprudência que havia sido fixada pelo *Assento do STJ n.º 9/00*, no D.R., 1.ª Série, de 23-5-00, onde se concluiu que, sob pena de rejeição, a indicação do sentido em que deveria fixar-se a jurisprudência era requisito necessário.

[163] Por razões pragmáticas, relativamente à questão de direito objecto de controvérsia jurisprudencial juntar-se-á apenas um *único acórdão*, ainda que existam outros no mesmo sentido, salvo se houver multiplicidade de questões sujeitas a semelhante divergência qualquer delas fundamental para a decisão do caso concreto.

Esta era também a opinião de CASTRO MENDES, reportando-se ao anterior *recurso para o Pleno* (*Direito Processual Civil*, vol. III, págs. 112 e 113), com citação de larga jurisprudência, designadamente o Ac. do STJ, de 4-2-49, BMJ 11.º/152, segundo o qual "se o recorrente tiver indicado vários acórdãos anteriores e, sendo para isso notificado, não escolher, entre eles, um em relação ao qual haja de apurar-se a existência da oposição invocada, dever-se-á considerar apenas o primeiro dos acórdãos indicados".

[164] Com mais clareza prevê-se no art. 438.º, n.º 2, do CPP, que o recorrente indique *"o lugar da publicação"*.

Discorda-se, assim, do teor do Ac. do STJ, de 6-5-08 (*www.dgsi.pt*). Além de esta não ser formalmente imposta pelo texto legal que alude simplesmente a *"cópia"*, tal exigência poderia comprometer sem motivos relevantes o direito ao recurso.

No sentido do texto, cfr. LUÍS MENDONÇA e HENRIQUE ANTUNES, *Dos Recursos*, pág. 319.

conteúdo a partir de algum dos meios públicos ou particulares de publicitação de acórdãos do Supremo, uma vez que inexiste registo oficial e aberto ao público de todos os acórdãos proferidos pelo Supremo, não sendo legítimo exigir do recorrente que descubra e identifique pelos seus próprios meios, e dentro de um prazo relativamente curto, o tribunal onde se encontra o processo no âmbito do qual foi proferido o acórdão-fundamento para obter a respectiva cópia ou certidão.

Importante é que o recorrente demonstre a existência da *divergência jurisprudencial*, pois se alguma dúvida for suscitada, o Supremo estará em condições para confirmar a correspondência entre o aresto invocado e aquele que efectivamente foi proferido.

Já será insuficiente a mera junção de *sumário* de acórdão ou de súmula não representativa do modo como foi abordada e decidida a questão de direito.[165] Para além do maior impedimento de natureza formal que neste caso é colocado pelo elemento literal, não existe, em termos substanciais, equivalência entre *"acórdão"* e *"sumário"*.[166]

5.3. Ao invés do que se verifica relativamente ao recurso ampliado de revista, a lei não deixou ao Supremo qualquer margem de *discricionariedade* no que concerne à admissibilidade do recurso extraordinário. Desde que se verifiquem os requisitos de natureza positiva e não ocorra o impedimento previsto no n.º 3 do art. 763.º, uma vez demonstrada a situação de contrariedade entre os acórdãos, mais não resta ao Supremo do que admitir e tramitar o recurso extraordinário que, deste modo, surge como resultado do exercício de um direito potestativo de natureza processual.

Além disso, o poder de apreciar os requisitos de que depende tal recurso pertence ao relator (e respectivos adjuntos), e não ao Presidente.

5.4. Recebido e autuado o recurso extraordinário, cumpre ao *relator* proceder à apreciação liminar e ao correspondente saneamento, tomando em consideração, além do mais, os argumentos que, contra a admissibili-

---

[165] Assim o entendia também CASTRO MENDES, citando o Ac. do STJ, de 4-7-75, BMJ 249.º/446, onde se decidiu que "não basta a indicação do lugar em que foi publicado um sumário que não é oficial e que pode não ser fidedigno". No mesmo sentido cfr. LUÍS MENDONÇA e HENRIQUE ANTUNES, *Dos Recursos*, pág. 319.

[166] Com a variedade de meios de *publicitação de acórdãos* do Supremo estará facilitada a tarefa de identificar e apresentar acórdão ilustrativo da contradição de entendimentos jurisprudenciais, bastando para o efeito aceder à *Internet* (*www.dgsi.pt*), ao Boletim do Ministério da Justiça ou à Colectânea de Jurisprudência do Supremo Tribunal de Justiça.

dade do recurso, tenham sido apresentados pelo recorrido nas contra-
-alegações.

Deve *indeferir liminarmente* o recurso nas seguintes situações:

a) Quando verificar que a decisão *não admite recurso*, designadamente atento o disposto nos arts. 679.º e 681.º;

b) Quando tiver sido interposto *fora do prazo*, quer por não se ter verificado ainda o trânsito em julgado do acórdão recorrido (prematuridade), quer por ter sido excedido o prazo de 30 dias depois desse trânsito (extemporaneidade);

c) Quando o recorrente não tenha as *condições* necessárias para recorrer, isto é, quando for destituído da legitimidade activa circunscrita pelo n.º 1 do art. 680.º a quem seja parte principal na causa que tenha ficado vencida (sem embargo da legitimidade extraordinária conferida ao Ministério Público);

d) Quando o requerimento não contenha ou não venha acompanhado das *alegações* do recorrente ou quando estas não tenham *conclusões*;

e) Quando não se identifiquem nas alegações os *elementos determinantes da contradição* jurisprudencial ou as especificações sobre a violação imputada ao acórdão recorrido;

f) Quando não seja apresentada cópia ou certidão do acórdão-fundamento;

g) Quando não se verifique a alegada *divergência jurisprudencial*, quer porque a questão jurídica não foi decidida de modo diverso, quer porque o quadro normativo em que se inserem as decisões se revela substancialmente diverso ou se constata que a questão de direito sobre que incide a contradição não exerceu efectiva influência no resultado, designadamente por se tratar de mero argumento lateral ou acessório;

h) Quando, relativamente à questão fundamental de direito comum aos dois arestos, se verifique que o acórdão recorrido perfilhou a solução constante de *jurisprudência uniformizada*.

5.5. A lei apenas prevê expressamente a reclamação para a *conferência* quando suscitada pelo recorrente (art. 767.º, n.º 2). Nada diz sobre a admissibilidade de reclamação por iniciativa do recorrido por entender que o recurso admitido deveria ter sido rejeitado.

A admissibilidade de reclamação para a conferência por parte do recorrido poderia fundar-se na norma do art. 700.º, n.º 3, que apenas excepciona os despachos de mero expediente. Contudo, ante a omissão de qualquer referência expressa à admissibilidade de reclamação contra o despacho de admissão do recurso, parece mais ajustado enquadrar a questão na regra geral do n.º 5 do art. 685.º-C que expressamente declara a não impugnabilidade.

Esta solução encontra justificação na possibilidade que o recorrido já teve de se pronunciar sobre tal questão e no facto de o despacho de admissão do recurso não constituir caso julgado, podendo ser revogado pelo colectivo chamado a pronunciar-se sobre o recurso, nos termos do n.º 4 do art. 767.º. Com efeito, se a decisão tiver sido no sentido da admissão do recurso[167] não vincula o Pleno das secções cíveis que sobre o recurso se irá pronunciar.

6. Efeito

O efeito do recurso é *meramente devolutivo* (art. 768.º). Deste modo, coerentemente com o trânsito em julgado do acórdão recorrido, este pode produzir efeitos.

Reconhecendo a decisão transitada direitos cuja exercitação seja independente da vontade da parte vencida, como ocorre nas acções constitutivas, como a de impugnação da regularidade e licitude do despedimento, os respectivos efeitos produzir-se-ão naturalmente sem que exista qualquer interferência imediata derivada da pendência ou da tramitação do recurso. Aliás, os efeitos jurídicos já consumados nem sequer sofrerão a interferência da decisão uniformizadora, ainda que esta revogue o acórdão recorrido (art. 770.º, n.º 3).

O efeito meramente devolutivo nem sequer obsta a que seja instaurada acção executiva destinada a obter o cumprimento coercivo, nos termos do art. 47.º, n.º 1, do CPC, se acaso a execução não tiver já sido instaurada ao abrigo do efeito devolutivo que acompanhou o recurso de revista, debatendo-se apenas com salvaguarda constante do art. 769.º. Naquele caso, à semelhança do que decorre do n.º 3 do art. 47.º, o exequente ou qualquer credor não pode ser pago em dinheiro ou bens sem prestar caução.

---

[167] Só neste caso se pode verificar a possibilidade de intervenção do Pleno da secção social.

7. Julgamento

7.1. Admitido o recurso extraordinário por despacho do relator ou por deliberação da conferência, aplica-se ao respectivo julgamento o regime prescrito para a *revista ampliada* no art. 732.º-B.

O processo vai com vista ao Ministério Público para emissão de parecer, a não ser que este tenha tido intervenção como recorrente ou como recorrido.

Seguem-se os vistos simultâneos com entrega aos juízes que integram o Pleno da secção social dos elementos relevantes para o conhecimento do recurso.

Posto em *tabela* o processo para julgamento, este far-se-á com intervenção mínima de ¾ dos juízes em exercício de funções na secção social.

Nos termos do art. 767.º, n.º 3, a decisão de levar o processo a julgamento para uniformização de jurisprudência *não é vinculativa* para os restantes juízes que poderão vetar a emissão de acórdão uniformizador por falta de verificação dos respectivos pressupostos.

7.2. Colocados no plano da intervenção do Pleno da secção social, a resposta do colectivo alargado, obtida por maioria, poderá ser variável:

a) *Rejeição* do recurso extraordinário por verificação de quaisquer impedimentos à admissibilidade do recurso extraordinário;

b) *Confirmação* dos pressupostos da admissibilidade do recurso, designadamente da existência de contradição jurisprudencial, seguindo-se a tomada de posição sobre a questão de direito em causa.

O novo acórdão *substituirá* para todos os efeitos o acórdão recorrido. Terá função confirmativa ou substitutiva de acórdão de uniformização que anteriormente tenha sido publicado e que concretamente foi desacatado; terá efeitos inovatórios se a contradição se revelava entre acórdãos proferidos no âmbito do julgamento normal do recurso de revista.

O acórdão de uniformização deve ser *publicado* no D.R., I Série (art. 732.º-B, n.º 5).[168]

---

[168] Publicação que também decorre do art. 3.º, n.º 2, al. i), da Lei n.º 74/98, de 11 de Novembro, republicada pela Lei n.º 42/07, de 24 de Agosto.

7.3. Confirmado o acórdão recorrido, estabilizar-se-á definitivamente a decisão. Se a posição adoptada for a inversa, é do novo acórdão uniformizador que se extrairão os efeitos, sendo certo que jamais se podem modificar as situações jurídicas entretanto constituídas.

Se o acórdão recorrido tiver sustentado a instauração de *acção executiva* ainda pendente esta extinguir-se-á. Se acaso tiver atingido a fase de pagamento que tenha despoletado a prestação de caução por parte do exequente, ao abrigo do art. 769.º, caberá ao executado accionar a caução.

7.4. Por expressa determinação da lei, seja qual for a decisão adoptada relativamente à controvérsia, a mesma não se repercute nas sentenças ou acórdãos que anteriormente tenham sido proferidos. Mas se estiverem pendentes recursos de tais decisões revelar-se-á prudente suspender a sua tramitação até que seja divulgado o resultado obtido no recurso extraordinário, tendo em vista acautelar valores de segurança jurídica e de igualdade.

V
RECURSO DE REVISÃO

Artigo 771.º
(Fundamentos do recurso)

A decisão transitada em julgado só pode ser objecto de revisão quando:

a) Outra sentença transitada em julgado tenha dado como provado que a decisão resulta de crime praticado por juiz no exercício das suas funções;

b) Se verifique a falsidade de documento ou acto judicial, de depoimento ou das declarações de peritos ou árbitros, que possam, em qualquer dos casos, ter determinado a decisão a rever, não tendo a matéria sido objecto de discussão no processo em que foi proferida;

c) Se apresente documento de que a parte não tivesse conhecimento, ou de que não tivesse podido fazer uso, no processo em que foi proferida a decisão a rever e que, por si só, seja suficiente para modificar a decisão em sentido mais favorável à parte vencida;

d) Se verifique a nulidade ou anulabilidade de confissão, desistência ou transacção em que a decisão se fundou;

e) Tendo corrido a acção e a execução à revelia, por falta absoluta de intervenção do réu, se mostre que faltou a citação ou é nula a citação feita;

f) Seja inconciliável com decisão definitiva de uma instância internacional de recurso vinculativa para o Estado Português;

g) O litígio assente em acto simulado das partes e o tribunal não tenha feito uso do poder que confere o artigo 665.º, por não se ter apercebido da fraude.

Artigo 772.º
(Prazo para a interposição)

1 – O recurso é interposto no tribunal que proferiu a decisão a rever.

2 – O recurso não pode ser interposto se tiverem decorrido mais de cinco anos sobre o trânsito em julgado da decisão e o prazo para a interposição é de 60 dias, contados:
 a) No caso da alínea a) do artigo 771.º, do trânsito em julgado da sentença em que se funda a revisão;
 b) No caso da alínea f) do artigo 771.º, desde que a decisão em que se funda a revisão se tornou definitiva;
 c) No caso da alínea g) do artigo 771.º, desde que o recorrente teve conhecimento da sentença;
 d) Nos outros casos, desde que a parte obteve o documento ou teve conhecimento do facto que serve de base à revisão.

3 – Nos casos previstos na 2.ª parte do n.º 3 do artigo 680.º, o prazo previsto no n.º 2 não finda antes de decorrido um ano sobre a aquisição da capacidade por parte do incapaz ou sobre a mudança do seu representante legal.

4 – Se, porém, devido a demora anormal na tramitação da causa em que se funda a revisão existir risco de caducidade, pode o interessado interpor recurso mesmo antes de naquela ser proferida decisão, requerendo logo a suspensão da instância no recurso, até que essa decisão transite em julgado.

5 – As decisões proferidas no processo de revisão admitem os recursos ordinários a que estariam originariamente sujeitas no decurso da acção em que foi proferida a sentença a rever.

Artigo 773.º
(Instrução do requerimento)

1 – No requerimento de interposição, que é autuado por apenso, o recorrente alega os factos constitutivos do fundamento de recurso e, no caso da alínea g) do artigo 771.º, o prejuízo resultante da simulação processual.

2 – Nos casos das alíneas a), c), f) e g) do artigo 771.º, o recorrente, com o requerimento de interposição, apresenta certidão, consoante os casos, da decisão ou do documento em que se funda o pedido.

Artigo 774.º
(Admissão do recurso)

1 – Sem prejuízo do disposto no n.º 1 do artigo 685.º-C, o tribunal a que for dirigido o requerimento indefere-o quando não tenha sido instruído nos termos do artigo anterior ou quando reconheça de imediato que não há motivo para revisão.
2 – Admitido o recurso, notifica-se pessoalmente o recorrido para responder no prazo de 20 dias.
3 – O recebimento do recurso não suspende a execução da decisão recorrida.

Artigo 775.º
(Julgamento da revisão)

1 – Nos casos das alíneas b), d) e g) do artigo 771.º, o tribunal, logo em seguida à resposta do recorrido ou ao termo do prazo respectivo, conhece dos fundamentos da revisão, precedendo as diligências consideradas indispensáveis.
2 – Nos casos das alíneas b), d) e g) do artigo 771.º, segue-se, após a resposta dos recorridos ou o termo do prazo respectivo, os termos do processo sumário.
3 – Quando o recurso tenha sido dirigido a algum tribunal superior, pode este requisitar ao tribunal de 1.ª instância, de onde o processo subiu, as diligências que se mostrem necessárias e que naquele não possam ter lugar.

Artigo 776.º
(Termos a seguir quando a revisão é procedente)

1 – Nos casos previstos nas alíneas a) a f) do artigo 771.º, se o fundamento da revisão for julgado procedente, é revogada a decisão, observando se o seguinte:
a) No caso da alínea e) do artigo 771.º, anulam-se os termos do processo posteriores à citação do réu ou ao momento em que devia ser feita e ordenar se que o réu seja citado para a causa;

b) Nos casos das alíneas a), c) e f) do artigo 771.º, profere-se nova decisão, procedendo-se às diligências absolutamente indispensáveis e dando-se a cada uma das partes o prazo de 20 dias para alegar por escrito;

c) Nos casos das alíneas b) e d), ordena se que se sigam os termos necessários para a causa ser novamente instruída e julgada, aproveitando se a parte do processo que o fundamento da revisão não tenha prejudicado.

2 – No caso da alínea g) do artigo 771.º, se o fundamento da revisão for julgado procedente anula-se a decisão recorrida.

Artigo 777.º
(Prestação de caução)

Se estiver pendente ou for promovida a execução da sentença, não pode o exequente ou qualquer credor ser pago em dinheiro ou em quaisquer bens sem prestar caução.

---

1. Introdução

Ao invés do que ocorre com o recurso extraordinário para uniformização de jurisprudência, que é limitado a acórdãos do Supremo, o recurso de revisão incide sobre *qualquer decisão judicial*, independentemente da sua natureza ou do seu objecto, assim como da categoria do tribunal de onde emana. São ainda mais vastos os fundamentos que poderão ser invocados.[169]

Comum a ambos os recursos é o facto de a decisão ter transitado em julgado, o que, como decorre do art. 677.º, colide com a pendência de recurso ou reclamação.

---

[169] Segundo o Ac. do STJ, de 18-9-07 (*www.dgsi.pt*), sendo taxativos os fundamentos da revisão extraordinária, por contender com o nuclear princípio da intangibilidade do caso julgado, a interpretação elástica desses fundamentos é vedada ao julgador, sob pena de subversão daquele princípio, podendo abrir portas à incerteza e segurança das decisões judiciais transitadas.

2. Fundamentos

2.1. O fundamento previsto na al. a) do art. 771.º deve traduzir-se em *sentença* transitada em julgado confirmativa da ocorrência de crime praticado pelo juiz no exercício das funções.[170]

Como ocorre com a generalidade dos fundamentos de revisão, é necessária a verificação de uma relação de causalidade entre a actuação dolosa do juiz e a decisão revidenda que subscreveu.

2.3. Na al. b) prevêem-se fundamentos ligados à *falsidade* dos meios de prova em geral, exigindo-se que a matéria não tenha sido objecto de discussão no próprio processo e que, além disso, a sua valoração tenha sido causal da decisão a rever.

No que concerne aos *documentos*, a impugnação da sua genuinidade ou da sua força probatória está prevista nos arts. 544.º e 546.º. Por isso, conhecendo ou devendo conhecer os vícios, a parte contra quem os documentos são apresentados tem o ónus de suscitar tal incidente, sob pena de preclusão. O mesmo se diga em relação à falsidade de acto judicial (art. 551.º-A).[171]

Tal regime de preclusão deve aplicar-se aos demais meios de prova. Desde que a parte tenha conhecimento da sua falsidade, deve suscitar imediatamente a questão no processo em que a prova é apresentada, o que encontra eco no art. 559.º, no que respeita ao *depoimento de parte*, nos arts. 581.º 587.º e 588.º, quanto à *prova pericial*, ou nos arts. 635.º, 640.º e 642.º quanto aos *depoimentos testemunhais*.

Ao contrário do que emergia da primitiva redacção do preceito, não se torna necessário instruir o requerimento com qualquer sentença confirmativa da falsidade, tendo-se optado por integrar a discussão dos factos pertinentes no próprio processo de revisão. Ainda assim, será naturalmente mais fácil obter a procedência do recurso se acaso o recorrente demonstrar a alegada falsidade mediante a apresentação de certidão de sentença penal ou cível que porventura a tenha reconhecido.

---

[170] Luís LAMEIRAS, *Notas Práticas ao Regime dos Recursos em Processo Civil*, pág. 196, defende que o apuramento de tal pressuposto pode derivar de processo de qualquer natureza. Já para AMÂNCIO FERREIRA, *Manual dos Recursos em Processo Civil*, 8.ª ed., pág. 309, e Luís MENDONÇA e HENRIQUE ANTUNES, *Dos Recursos*, pág. 341, torna-se necessária a demonstração da sua ocorrência através de sentença criminal.

[171] LEBRE DE FREITAS e RIBEIRO MENDES, *CPC anot.* vol. III, tomo I, 2.ª ed., pág. 225.

2.4. A al. c) integra um outro fundamento de revisão agora traduzido no relevo de *documento* que a parte desconhecia ou de que não pôde fazer uso e que se revele crucial para modificar a decisão em sentido mais favorável ao recorrente.[172]

Também aqui importa notar que o acesso ao recurso de revisão apenas pode ser permitido nos casos em que não tenha sido objectiva ou subjectivamente possível à parte apresentar o documento a tempo de interferir no resultado declarado na decisão revidenda.

2.5. Quanto ao fundamento da al. d) (*invalidade da confissão, desistência ou transacção*), deve ligar-se directamente ao disposto no art. 301.º, n.º 2, que abre ao interessado duas possibilidades de uso alternativo: instauração de acção para declaração da invalidade ou interposição de recurso extraordinário de revisão.[173]

2.6. Na al. e) prevê-se como fundamento de recurso de revisão o facto de a acção ou a execução ter corrido à *revelia* do interessado, sem qualquer intervenção deste, por falta de citação ou por nulidade da citação efectuada.[174]

2.7. A al. f) integra um novo fundamento de revisão que envolve a verificação de uma decisão definitiva de uma *instância internacional* de recurso que seja vinculativa para o Estado Português.

2.8. A al. g) traduz a assimilação pelo recurso de revisão do fundamento que anteriormente sustentava o recurso extraordinário de *oposição de terceiro* nos termos dos arts. arts. 778.º a 782.º, entretanto revogados, visando os casos de *simulação processual* não detectada pelo tribunal, nos temos do art. 665.º.

---

[172] Segundo o Ac. do STJ, de 11-9-07 (*www.dgsi.pt*), não preenche o fundamento do recurso de revisão do art. 771.º, al. c), do CPC, a apresentação de documentos com relevância para a causa, mas que apenas em conjugação com outros elementos de prova produzidos, ou a produzir em juízo, poderiam modificar a decisão transitada em julgado.

Decidiu-se no Ac. do STJ, de 13-1-06, CJSTJ, tomo I, pág. 33, que uma sentença judicial não pode servir de fundamento a recurso extraordinário de revisão, por não poder ser qualificada como "*documento*".

[173] Sobre a matéria cfr. o Ac. da Rel. de Coimbra, de 15-7-09, CJ, tomo III, pág. 40.

[174] Segundo o Ac. da Rel. do Porto, de 28-4-09, CJ, tomo II, pág. 223, a procedência da revisão depende da verificação de uma situação de revelia absoluta resultante da falta ou da nulidade da citação.

3. Pressupostos

3.1. Do disposto no art. 772.º decorre que a *competência* para a apreciação do recurso de revisão pode pertencer ao tribunal de 1.ª instância, à Relação ou ao Supremo Tribunal de Justiça. Tudo depende do órgão jurisdicional que proferiu a decisão transitada em julgado,[175] vigorando a *competência* por conexão.

3.2. Quanto à *legitimidade*, é aplicável a regra do art. 680.º que atribui tal pressuposto à parte vencida e, eventualmente, a outras pessoas directa e efectivamente prejudicadas pela decisão, ainda que não sejam partes na causa ou sejam partes acessórias.

Especialmente nos casos em que se invoque a *simulação processual*, a legitimidade cabe a qualquer terceiro que se considere prejudicado, sendo extensiva ao incapaz que interveio através do respectivo representante no processo em que foi proferida a decisão revidenda.

3.3. Quanto ao *patrocínio judiciário*, é aplicável o art. 32.º, n.º 1, al. c), do CPC, que não estabelece qualquer diferença entre recursos ordinários ou extraordinários. Aliás, pretendendo-se pôr em causa uma decisão judicial, é natural que a instauração do recurso de revisão careça da intervenção de advogado.

4. Prazo

4.1. No que concerne aos *prazos* de interposição, há que ponderar, em primeiro lugar, que não pode exceder 5 anos depois do trânsito em julgado da decisão revidenda (art. 772.º, n.º 2).

Dentro desse prazo, funciona um outro, bem mais curto, de 60 dias, cujo início depende do fundamento da revisão:

a) Quando o fundamento se integra na al. a) do art. 771.º conta-se a partir do trânsito em julgado da decisão reveladora da prática do *crime* causal da decisão;

---

[175] AMÂNCIO FERREIRA, *Manual dos Recursos em Processo Civil*, 8.ª ed., pág. 327, defende que, por interpretação sistemática, o recurso deve ser dirigido ao tribunal onde foi cometida a anomalia ou aconteceu a omissão que suporta o fundamento da revisão.

Sobre a evolução normativa do preceito cfr. LUÍS MENDONÇA e HENRIQUE ARAÚJO, *Dos Recursos*, págs. 360 a 362.

b) Nos casos em que se invoque a *falsidade* de meio probatório (al. b)), a invalidade da confissão, desistência ou transacção (al. d)) ou a falta ou nulidade da citação (al. e)), o prazo conta-se a partir do conhecimento de algum desses factos;

c) Quando a revisão se funde em *documento novo* (al. c)), o prazo conta-se a partir da sua obtenção;

d) Fundando-se em *decisão de instância internacional* (al. f)), o prazo conta-se a partir da data em que tal decisão se tornou definitiva;

e) Baseando-se em *simulação processual* (al. g)), o prazo conta-se a partir do momento em que o interessado teve conhecimento da sentença. Porém, nos termos do art. 772.º, n.º 3, sendo a revisão requerida por aquele que, sendo incapaz, interveio no processo por intermédio do seu representante legal, o prazo de 60 dias é alargado para um ano a partir da aquisição da capacidade ou da mudança de representante.

4.2. O art. 772.º, n.º 4, veio responder a uma questão ligada à natural ou anormal morosidade da acção em que se invoquem factos que constituam fundamento de revisão, como sucede nos casos da als. a) ou f) do art. 771.º. Sem prejudicar a contagem do prazo de caducidade, *maxime* no que concerne ao prazo-limite de 5 anos, o interessado tem o ónus de interpor o recurso de revisão dentro do prazo, ainda que suscitando a suspensão instância até que transite em julgado a decisão que se pretende apresentar como fundamento da revisão.

A caducidade do direito potestativo de revisão apenas é impedida com a propositura da acção, a partir da qual já não será afectado pela suspensão da instância.[176]

A lei não o refere explicitamente, mas estamos perante caducidade de *conhecimento oficioso*, o que decorre, por um lado, da natureza indisponível do direito que se pretende exercer e, por outro, do facto de o art. 774.º, n.º 1, do CPC, determinar a aplicação do art. 685.º-C, n.º 1, que incumbe o juiz de apreciar a oportunidade do requerimento de interposição do recurso.

---

[176] Decidiu o Ac. do STJ, de 13-5-03, CJSTJ, que, tendo sido exigida a quantia em que foi condenado dentro do prazo de cinco anos sobre o trânsito em julgado da sentença que correu à revelia do réu, este dispunha de 60 dias para interpor o recurso de revisão, não sendo lícito ao juiz convolar um requerimento de arguição de nulidade apresentado no próprio processo em recurso de revisão.

4.3. O art. 772.º, n.º 5, vem responder a uma questão que se poderia suscitar em redor da aplicação da lei processual no tempo em matéria de alçadas dos tribunais.

Autonomizada a instância correspondente ao recurso de revisão, a recorribilidade das decisões poderia ser negativamente influenciada pela alteração do valor das alçadas entretanto ocorrida, resultado que é evitado através da sujeição dos recursos às regras aplicáveis ao processo onde foi proferida a decisão revidenda.

5. Tramitação

5.1. Ainda que respeitante a recurso extraordinário, o requerimento obedecerá a uma *estrutura* semelhante à da petição inicial, designadamente no que concerne à alegação da matéria de facto e da matéria de direito que sustentam a pretensão de revisão (art. 773.º, n.º 1).

Quando a revisão se funda na al. a) do art. 771.º, são factos constitutivos do direito a prática do crime funcional e a relação de causalidade adequada entre o facto ilícito e o resultado. A junção obrigatória da sentença transitada em julgado acaba por dispensar alongadas considerações, uma vez que o fundamento deve resultar dela com inequivocidade.

Mais complexa será a motivação quando a revisão se funde na al. b), havendo que tomar posição precisa sobre os meios de prova em cuja falsidade o recorrente se fundamenta e, além disso, os motivos que levam o interessado a arguí-los de falsos, assim como a influência determinante que exercerem sobre a decisão revidenda.

Uma vez que é na própria instância de recurso de revisão que se procede à verificação dos elementos de facto pertinentes para o preenchimento deste fundamento de revisão, o recorrente há-de alegar factos que, uma vez apurados, permitam demonstrar a existência dos requisitos legais.

Quanto à apresentação de documento superveniente em termos objectivos ou subjectivos (al. c)), a parte terá interesse em alegar os fundamentos dessa superveniência, assim como o relevo que tal documento apresenta para a revisão da sentença, o qual fundamentalmente se observará através da análise da decisão.

Mais difícil será a alegação relativa à invalidade da confissão, desistência ou transacção, já que certos vícios dependerão do apuramento de factos de pendor subjectivo. Dificuldades que igualmente existirão no que concerne à alegação da simulação processual.

Já quanto aos fundamentos referidos nas als. e) e f) praticamente bastará a articulação com os elementos decorrentes do processo onde ocorreu a falta ou nulidade da citação ou com a decisão condenatória do Estado Português.

5.2. Apresentado o requerimento inicial, é submetido à *apreciação liminar* do juiz (ou do relator), seguindo-se, na parte em que for aplicável, o disposto no art. 685.º-C.

Será rejeitado o recurso, além do mais, se faltar a legitimidade activa, se a decisão ainda não tiver transitado em julgado ou se tiver sido excedido algum dos prazos de caducidade previstos no art. 772.º, n.º 2.

A rejeição liminar pode fundar-se ainda na falta de junção dos elementos documentais que a lei impõe ou na falta de alegação de elementos de facto pertinentes para o preenchimento de cada um dos fundamentos de revisão, se, neste caso, se verificar uma verdadeira situação de ineptidão que se traduza na falta ou ininteligibilidade da causa de pedir.

Por fim, o requerimento deverá ser também rejeitado quando se constate que os factos alegados não preenchem os pressupostos da revisão, designadamente quando não conduzam ao resultado pretendido ou quando inexista uma relação de causalidade entre o facto e a decisão revidenda.[177]

5.3. Sendo admitido o recurso, é notificado pessoalmente o recorrido para responder em 20 dias (art. 774.º, n.º 2).

A *resposta* pode envolver todos os aspectos de ordem formal e substancial relativos ao recurso de revisão.

A falta de resposta não tem efeito *cominatório*, devendo o processo seguir a normal tramitação, nos termos do art. 775.º.[178]

5.4. O recurso *não tem efeito suspensivo*, embora, nos termos do art. 777.º do CPC, se estiver pendente processo de execução, o executado ou qualquer credor privilegiado apenas possa ser pago prestando *caução* que garanta a recomposição da situação se acaso a revisão vier a proceder.

---

[177] O Ac. da Rel. de Lisboa, de 14-10-08, inédito, relatado pelo signatário, incidiu sobre um requerimento sustentado em sentença penal absolutória, tendo-se decidido que a simples invocação de absolvição em processo penal, sem concretização dos depoimentos alegadamente falsos que conduziram à condenação cível, era manifestamente insuficiente para fazer prosseguir o recurso.

[178] Cfr. AMÂNCIO FERREIRA, *Manual dos Recursos em Processo Civil*, 8.ª ed., pág. 336, e LUÍS MENDONÇA e HENRIQUE ANTUNES, *Dos Recursos*, pág. 370.

5.5. A tramitação processual subsequente à notificação do recorrido e apresentação eventual de resposta é variável consoante o fundamento da revisão (art. 775.º).

A lei não o refere expressamente, mas se houver razões de ordem formal que obstem ao conhecimento do mérito e que escaparam ao controlo liminar ou que apenas se tornaram perceptíveis em momento ulterior, cumpre ao juiz proceder ao *saneamento* do processo e decretar, sendo esse o caso, a extinção da instância.

5.6. Nos casos previstos nas als. a), c), e) e f) do art. 771.º, segue-se a decisão eventualmente precedida das *diligências* que se revelarem indispensáveis.

Nos demais casos (als. b), d) e g)), seguem-se os termos do processo sumário, envolvendo, para além do eventual saneamento do recurso, a produção de prova que se revelar pertinente para apuramento dos factos controvertidos.

Se acaso a competência couber à Relação ou ao Supremo, apenas podem ser requisitadas ao tribunal de 1.ª instância (onde correu o processo) as diligências que, além de se revelarem necessárias para a apreciação da revisão, não possam ser realizadas no próprio tribunal.

6. Julgamento

6.1. O juízo rescisório varia consoante o fundamento do recurso de revisão.

Formulado positivamente um *juízo rescisório*, por verificação dos pressupostos da revisão, é revogada a decisão (art. 776.º, n.º 1). No caso da al. g) do art. 771.º, o efeito é a anulação.

A tramitação posterior varia consoante as situações:

– Nos casos referidos nas als. a), c) e f) do art. 771.º, é proferida nova decisão, depois de realizadas as diligências indispensáveis e de ter sido conferida às partes a faculdade de alegarem por escrito em 20 dias;

– No caso da al. e), anulam-se os termos do processo posteriores à citação ou ao momento em que deveria ser feita e determina-se a citação do réu para os termos da acção;

– Finalmente, nos casos da als. b) e d), a causa será de novo instruída e julgada, sem embargo do aproveitamento do processado que não tiver sido afectado pela revisão.

6.2. Uma vez que o recurso de revisão *não tem efeito suspensivo*, a sentença revidenda pode ser executada. O preceito destina-se a tutelar os interesses do recorrente que poderiam ser afectados se acaso a execução se consumasse antes de estar definitivamente decidida a respectiva revisão.

O mecanismo passa pela prestação de *caução* por parte do exequente ou de algum credor privilegiado se a sentença chegar ao ponto de serem efectuados pagamentos ou de se proceder à entrega de bens.

VI
RECURSOS DE CONTRA-ORDENAÇÕES LABORAIS E DA SEGURANÇA SOCIAL
(Artigo 186.º-J do CPT e artigos 32.º a 60.º da Lei n.º 107/09, de 14 de Setembro)

Artigo 186.º-J do CPT
(Remissão)

A impugnação de decisões de autoridades administrativas que apliquem coimas em processo laboral segue os termos do regime processual das contra-ordenações laborais, que consta de lei específica.

A impugnação judicial de contra-ordenações laborais segue o regime específico previsto na Lei n.º 107/09, de 14-9.

Supletivamente, aplicam-se as normas do regime geral das contra-ordenações previsto no Dec. Lei n.º 433/82, de 27-10, na sua actual redacção.

Artigos 32.º a 60.º da Lei n.º 107/09, de 14 de Setembro

Artigo 32.º
(Impugnação judicial das decisões de aplicação das coimas)

A decisão da autoridade administrativa de aplicação de coima é susceptível de impugnação judicial.

---

1. Norma paralela à do art. 59.º, n.º 1, do Dec. Lei n.º 433/82, de 27-10.

2. A fim de assegurar o exercício do direito de impugnação, prescreve o art. 25.º, n.º 2, que o arguido deve ser notificado de que a condenação se torna definitiva e exequível se não for judicialmente impugnada e que, em caso de impugnação judicial, o tribunal pode decidir mediante audiência ou mediante simples despacho.

3. A *notificação* da decisão de condenação por ilícito contra-ordenacional laboral é efectuada, nos termos do art. 8.º, n.º 1, por carta registada, com aviso de recepção, considerando-se efectuada na data da assinatura do aviso de recepção ou no 3.º dia útil após essa data, quando o aviso seja assinado por pessoa diversa do notificando (n.º 3). A recusa de assinatura do aviso de recepção equivale para todos os efeitos à notificação, nos termos do art. 8.º, n.º 2.

Artigo 33.º
(Forma e prazo)

1 – A impugnação judicial é dirigida ao tribunal de trabalho competente e deve conter alegações, conclusões e indicação dos meios de prova a produzir.

2 – A impugnação judicial é apresentada na autoridade administrativa que tenha proferido a decisão de aplicação da coima, no prazo de 20 dias após a sua notificação.

1. A partir da notificação,[179] conta-se o prazo de 20 dias para a eventual interposição de recurso. Porque se trata de prazo não judicial, suspende-se aos sábados, domingos (art. 60.º do Dec. Lei n.º 433/82 e *Ac. de Uniformização do STJ n.º 2/94*).[180]

2. Ainda que dirigido ao tribunal do trabalho territorialmente competente, o recurso é apresentado junto da autoridade administrativa que aplicou a coima. O acto pode ser praticado por qualquer das formas legais (entrega directa, correio registado, telecópia ou correio electrónico). Aliás, perante dúvidas que se suscitaram, o *Ac. de Uniformização do STJ n.º 1/01*, concluiu que "*vale como data da apresentação da impugnação judicial a da efectivação do registo postal do respectivo requerimento à autoridade administrativa que tenha aplicado a coima*".[181]

3. O recorrente deve instruir o recurso com as respectivas *alegações*, justificando os motivos da impugnação, com formulação das respectivas *conclusões*, em termos semelhantes aos previstos para os recursos em processo penal.

4. No que concerne às alegações e conclusões, o Ac. do Trib. Constitucional, de 19-6-01, declarou a *inconstitucionalidade* dos arts. 59.º, n.º 3, e 63.º, n.º 1, do regime geral das contra-ordenações, na dimensão normativa de que a falta de conclusões implica a rejeição do recurso sem prévio convite à sua formulação. Posteriormente a lei adjectiva foi alterada, prescrevendo agora expressamente o art. 417.º, n.º 3, do CPP, a prolação de *despacho de aperfeiçoamento*, de modo que a rejeição do recurso deve ser reservada para os casos de incumprimento de convite formulado.[182]

5. Se acaso pretender produzir outras provas, as mesmas deverão ser imediatamente indicadas, com o limite de duas *testemunhas* por cada infracção e cinco testemunhas por todas as infracções (art. 47.º, n.ºs 3 e 4).

---

[179] Ac. da Rel. de Lisboa, de 3-12-08, CJ, tomo V, pág. 145.
[180] É inaplicável a extensão de 3 dias prevista no art. 145.º, n.º 5, do CPC, para os prazos judiciais (Ac. da Rel. de Lisboa, de 14-12-06, CJ, tomo V, pág. 141).
[181] Ac. da Rel. de Lisboa, de 17-12-08, CJ, tomo V, pág. 166.
[182] Ac. da Rel. de Lisboa, de 24-10-07, CJ, tomo IV, pág. 157.

6. Não é obrigatória a constituição de *advogado*,[183] ainda que naturalmente nada obste à sua intervenção.

7. É devida *taxa de justiça* pela impugnação nos casos em que a coima não tenha sido previamente liquidada, nos termos do art. 8.º, n.º 4, do Regulamento das Custas Processuais.[184]

Artigo 34.º
(Tribunal competente)

É competente para conhecer da impugnação judicial o tribunal de trabalho em cuja área territorial se tiver verificado a contra-ordenação.

Artigo 35.º
(Efeitos da impugnação judicial)

1 – A impugnação judicial tem efeito meramente devolutivo.

2 – A impugnação judicial tem efeito suspensivo se o recorrente depositar o valor da coima e das custas do processo, no prazo referido no n.º 2 do artigo 33.º, em instituição bancária aderente, a favor da autoridade administrativa competente que proferiu a decisão de aplicação da coima.

3 – O depósito referido no número anterior pode ser substituído por garantia bancária, na modalidade «à primeira solicitação».

---

1. A sujeição da impugnação judicial ao efeito meramente devolutivo significa que a decisão administrativa que aplicou a coima ou a sanção acessória produz efeitos imediatos.

---

[183] Ac. da Rel. de Coimbra, de 29-7-06 (*www.dgsi.pt*).
[184] Como refere SALVADOR DA COSTA, *Regulamento das Custas Processuais anot.*, pág. 203, "estas situações de liquidação prévia da coima e de impugnação da decisão condenatória são assaz frequentes nas contra-ordenações em que sejam aplicáveis medidas acessórias de inibição do exercício de actividades ...".

O recorrente pode obter o efeito suspensivo se depositar a favor da autoridade administrativa o valor da coima e das custas do processo (de contra-ordenação), dentro do prazo legal previsto para a interposição de recurso. O depósito pode ser substituído – e só pode ser substituído – por garantia bancária *on first demand* ou à primeira solicitação, não sendo viável outras alternativas, como a fiança bancária, o seguro-caução ou outra modalidade de prestação de caução para outros efeitos.

Artigo 36.º
(Envio dos autos ao Ministério Público)

1 – Recebida a impugnação judicial e, sendo caso disso, efectuado o depósito referido no artigo anterior, a autoridade administrativa competente envia os autos ao Ministério Público no prazo de 10 dias, podendo, caso o entenda, apresentar alegações.

2 – Até ao envio dos autos, pode a autoridade administrativa competente revogar, total ou parcialmente, a decisão de aplicação da coima ou sanção acessória.

---

1. A impugnação judicial, conquanto seja dirigida ao tribunal do trabalho territorialmente competente, é *apresentada* junto da autoridade administrativa que proferiu a decisão recorrida. Mas em vez de se prever a remessa directa do processo para o referido tribunal, a lei determina que tal remessa seja feita para os serviços do Ministério Público.

Quando a impugnação seja apresentada antes de decorrido o prazo legal, importará aguardar o seu esgotamento, na medida em que o impugnante pode pretender que a impugnação produza efeitos suspensivos, efectuando o depósito ou demonstrando a prestação de garantia bancária, como se refere no art. 35.º.

2. É concedida à autoridade administrativa a faculdade de apresentar *contra-alegações* relativamente aos aspectos focados nas contra-alegações, seja no campo da matéria de facto, seja da matéria de direito.

Deve, porém, agir dentro do princípio da legalidade consagrado no art. 43.º do regime geral das contra-ordenações.

3. Até ao envio dos autos,[185] a autoridade administrativa pode *revogar* total ou parcialmente a decisão que aplicou a coima ou sanção acessória, se acaso admitir a ilegalidade formal ou substancial da decisão, tal como também se prevê no art. 62.º, n.º 2, do regime geral das contra-ordenações.

Artigo 37.º
(Apresentação dos autos ao juiz)

O Ministério Público torna sempre presentes os autos ao juiz, com indicação dos respectivos elementos de prova, valendo este acto como acusação.

---

1. A simplicidade que rodeia o processo de contra-ordenações revela-se designadamente na fase acusatória, servindo como acusação a apresentação dos autos ao juiz, apresentação essa obrigatória.

2. Nos termos do art. 47.º, n.ºs 3 e 4, o Ministério Público apenas pode indicar duas *testemunhas* por cada infracção e cinco testemunhas por todas as infracções.

Artigo 38.º
(Não aceitação da impugnação judicial)

**1 – O juiz rejeita, por meio de despacho, a impugnação judicial feita fora do prazo ou sem respeito pelas exigências de forma.
2 – Deste despacho há recurso, que sobe imediatamente.**

---

1. Corresponde ao art. 63.º do regime geral das contra-ordenações.[186]

---

[185] A lei deixa claro que esta faculdade não pode ser usada em momento posterior em que, aliás, a titularidade da acção, já passou para a esfera do Ministério Público (Ac. da Rel. de Évora, de 16-1-96, CJ, tomo I, pág. 283).

[186] Segundo o Ac. da Rel. de Lisboa, de 11-11-09, CJ, tomo V, pág. 118, com a excepção prevista no art. 63.º do regime geral das contra-ordenações (equivalente ao anotado art. 38.º), "apenas cabe recurso de decisões finais".

2. Entre os motivos de rejeição imediata não se conta a ausência de conclusões ou o facto de se apresentarem deficientes.[187] Em tais circunstâncias, exige-se a prolação de despacho de *convite ao aperfeiçoamento*, nos termos da actual redacção do art. 417.º, n.º 3, do CPP, devendo a rejeição ser guardada para o incumprimento de tal despacho.[188]

Artigo 39.º
(Decisão judicial)

1 – O juiz decide do caso mediante audiência de julgamento ou através de simples despacho.

2 – O juiz decide por despacho quando não considere necessária a audiência de julgamento e o arguido ou o Ministério Público não se oponham.

3 – O despacho pode ordenar o arquivamento do processo, absolver o arguido ou manter ou alterar a condenação.

4 – O juiz fundamenta a sua decisão, tanto no que respeita aos factos como no que respeita ao direito aplicado e às circunstâncias que determinaram a medida da sanção, podendo basear-se em mera declaração de concordância com a decisão condenatória da autoridade administrativa.

5 – Em caso de absolvição, o juiz indica porque não considera provados os factos ou porque não constituem uma contra-ordenação.

---

1. O preceito encontra correspondência no art. 64.º do regime geral das contra-ordenações.

2. A decisão por simples despacho exige que cumulativamente se verifiquem as *condições* referidas no n.º 2: desnecessidade da audiência de julgamento e não oposição do arguido ou do Ministério Público.

Importa, pois, que, antes da opção, o juiz ouça os sujeitos processuais de que depende esta forma célere de apreciação da impugnação,

---

[187] No Ac. da Rel. de Guimarães, de 18-12-02, CJ, tomo V, pág. 292, e no Ac. da Rel. de Lisboa, de 7-6-01, CJ, tomo III, pág. 149, decidiu-se que não constitui fundamento de rejeição do recurso a manifesta improcedência.
[188] Ac. da Rel. de Lisboa, de 24-10-07, CJ, tomo IV, pág. 157.

ainda que deva concluir-se que o silêncio dos notificados vale como não oposição.[189]

3. Como qualquer outra decisão judicial, também aquela em que o juiz aprecia a impugnação carece de *fundamentação* de facto e de direito,[190] ainda que esta possa ser apresentada de forma simplificada, através da revelação de concordância com a decisão administrativa.

Artigo 40.º
(Marcação da audiência)

Ao aceitar a impugnação judicial o juiz marca a audiência, salvo no caso referido no n.º 2 do artigo anterior.

Corresponde ao art. 65.º do regime geral das contra-ordenações.

Artigo 41.º
(Retirada da acusação)

A todo o tempo, e até à sentença em primeira instância ou até ser proferido o despacho previsto no n.º 2 do artigo 39.º, pode o Ministério Público, com o acordo do arguido e da autoridade administrativa, retirar a acusação.

---

1. Nos termos do art. 36.º, n.º 2, a autoridade administrativa pode *revogar* total ou parcialmente a decisão, mas apenas até ao momento em que o processo é transferido para a esfera do Ministério Público.

---

[189] Ac. da Rel. do Porto, de 9-2-09 e Ac. da Rel. de Coimbra, de 2-2-06 (*www.dgsi.pt*).
A falta de audição prévia constitui nulidade, como se decidiu no Ac. da Rel. de Lisboa, de 29-4-09, CJ, tomo II, pág. 157, nos Acs. da Rel. do Porto, de 9-2-09, CJ, tomo I, pág. 250, de 25-10-06, CJ, tomo IV, pág. 209, e de 6-5-09 (*www.dgsi.pt*), e no Ac. da Rel. de Guimarães, de 14-1-08, CJ, tomo I, pág. 294.
[190] Ac. da Rel. de Lisboa, de 4-11-08, CJ, tomo V, pág. 134, e Ac. da Rel. do Porto, de 26-3-08 (*www.dgsi.pt*).

2. A partir de então, é o Ministério Público que passa a deter poderes em relação a outras formas de conclusão que não passem pelo despacho ou pela sentença em audiência.
Diversamente do que está previsto no art. 65.º-A, n.º 2, do regime geral de contra-ordenações, a retirada da acusação depende do *acordo* do arguido e da autoridade administrativa.

3. A possibilidade de o arguido retirar a impugnação está prevista no art. 46.º.

Artigo 42.º
(Participação do arguido na audiência)

1 – O arguido não é obrigado a comparecer à audiência, salvo se o juiz considerar a sua presença como necessária ao esclarecimento dos factos.

2 – O arguido pode sempre fazer-se representar por defensor legal.

3 – Nos casos em que o juiz não ordenou a presença do arguido a audiência prossegue sem a presença deste.

---

1. Encontra correspondência no art. 67.º do regime geral das contra-ordenações.

2. Cabe ao juiz decidir se a comparência do arguido é ou não obrigatória. Mas ainda que não seja obrigatória, o arguido deve ser notificado da realização da audiência, na qual se pode fazer representar por defensor legal.

Artigo 43.º
(Ausência do arguido)

Nos casos em que o arguido não comparece nem se faz representar por advogado, tomam-se em conta as declarações que tenham sido colhidas no âmbito do processo de contra-ordenação que correu

termos na autoridade administrativa competente ou regista-se que ele nunca se pronunciou sobre a matéria dos autos, apesar de lhe ter sido concedida a oportunidade para o fazer, e procede-se a julgamento.

---

1. Corresponde ao n.º 1 do art. 68.º do regime geral das contra--ordenações.

2. Ainda que notificado para comparecer, a falta do arguido não determina o *adiamento* da audiência, tomando o tribunal em consideração as declarações constantes do processo quando existam.

Artigo 44.º
(Participação do Ministério Público)

O Ministério Público está presente na audiência de julgamento.

Corresponde ao art. 69.º do regime geral das contra-ordenações.

Artigo 45.º
(Participação da autoridade administrativa competente)

1 – O tribunal comunica à autoridade administrativa competente a data da audiência para, querendo, esta poder participar na audiência.

2 – O Ministério Público, após notificação da decisão de arquivamento do processo, absolvição ou alteração da condenação, solicita a pronúncia por escrito da autoridade administrativa competente, no prazo de cinco dias, a fim de ser equacionado um eventual recurso no processo.

3 – O tribunal comunica à autoridade administrativa competente, de imediato e antes do trânsito em julgado, a sentença, bem como as demais decisões finais.

1. Atenta a especial configuração do processo de contra-ordenações, a *autoridade administrativa* pode desempenhar uma função essencial relativamente ao desenlace final do processo. Para além da comunicação para efeitos de eventual comparência na audiência de julgamento, o despacho ou a sentença que venham a ser proferidos são-lhe também comunicadas a tempo de poderem apresentar reacção junto do Ministério Público.

2. A *legitimidade* para a interposição de recurso pertence ao Ministério Público, assim se compreendendo a diligência prévia junto da autoridade administrativa tendo em vista preparar eventual reacção à decisão final.[191]

Artigo 46.º
(Retirada da impugnação judicial)

1 – A impugnação judicial pode ser retirada pelo arguido até à sentença em primeira instância ou até ser proferido o despacho previsto no n.º 2 do artigo 39.º.

2 – Depois do início da audiência de julgamento, a impugnação judicial só pode ser retirada mediante o acordo do Ministério Público.

---

1. A retirada da acusação por parte do Ministério Público, mediante prévia concordância do arguido e da autoridade administrativa está revista no art. 41.º.

2. Do que se trata agora é da retirada (desistência) do recurso por parte do arguido, a qual pode ser exercitada até à prolação da sentença ou do despacho que tenha incidido sobre a impugnação.

Porém, iniciada a audiência, tal dependerá do acordo do Ministério Público.

---

[191] Acs. da Rel. de Lisboa, de 28-9-04, CJ, tomo IV, pág. 140, e de 5-11-03, CJ, tomo V, pág. 128.

Artigo 47.º
(Prova)

1 – Compete ao Ministério Público promover a prova de todos os factos que considere relevantes para a decisão.
2 – Compete ao juiz determinar o âmbito da prova a produzir.
3 – O Ministério Público e o arguido podem arrolar até ao máximo de duas testemunhas por cada infracção.
4 – Quando se trate de três ou mais contra-ordenações a que seja aplicável uma coima única, o Ministério Público e o arguido podem arrolar até ao máximo de cinco testemunhas por todas as infracções.

---

1. Os *meios de prova* da parte devem ser apresentados juntamente com a impugnação judicial, nos termos do art. 33.º, n.º 1, ou aquando da dedução da acusação, isto é, quando o Ministério Público apresenta os autos ao juiz, nos termos do art. 37.º.

2. Cumpre ao juiz determinar o âmbito da prova a produzir, de acordo com as circunstâncias objectivas que os autos revelarem.

Artigo 48.º
(Admoestação judicial)

Excepcionalmente, se a infracção consistir em contra-ordenação classificada como leve e a reduzida culpa do arguido o justifique, pode o juiz proferir uma admoestação.

Artigo 49.º
(Decisões judiciais que admitem recurso)

1 – Admite-se recurso para o Tribunal da Relação da sentença ou do despacho judicial proferidos nos termos do artigo 39.º, quando:
   a) For aplicada ao arguido uma coima superior a 25 UC ou valor equivalente;
   b) A condenação do arguido abranger sanções acessórias;

c) O arguido for absolvido ou o processo for arquivado em casos em que a autoridade administrativa competente tenha aplicado uma coima superior a 25 UC ou valor equivalente, ou em que tal coima tenha sido reclamada pelo Ministério Público;

d) A impugnação judicial for rejeitada;

e) O tribunal decidir através de despacho não obstante o recorrente se ter oposto nos termos do disposto no n.º 2 do artigo 39.º.

2 – Para além dos casos enunciados no número anterior, pode o Tribunal da Relação, a requerimento do arguido ou do Ministério Público, aceitar o recurso da decisão quando tal se afigure manifestamente necessário à melhoria da aplicação do direito ou à promoção da uniformidade da jurisprudência.

3 – Se a sentença ou o despacho recorrido são relativos a várias infracções ou a vários arguidos e se apenas quanto a alguma das infracções ou a algum dos arguidos se verificam os pressupostos necessários, o recurso sobe com esses limites.

---

1. Corresponde ao art. 73.º do regime geral das contra-ordenações. Porém, enquanto nesse regime geral o limite mínimo da *recorribilidade* é colocado em € 249,40, nas contra-ordenações laborais e da segurança social foi fixado em 25 UC.

2. A UC corresponde a ¼ do valor do Indexante de Apoios Sociais, sendo anualmente actualizado com efeitos a partir de 1 de Janeiro de cada ano (art. 22.º do Dec. Lei n.º 34/08, de 26-2, que aprovou o Regulamento das Custas Processuais, na redacção do Dec. Lei n.º 181/08, de 28-8).

3. O recurso em matéria de facto está limitado às situações referidas no art. 410.º, n.º 2, do CPP, pelo que, em regra, a Relação apenas aprecia *matéria de direito*, funcionando, na prática, como tribunal de revista.

4. O n.º 2 atribui à Relação poderes de *uniformização* que, no âmbito do processo penal, pertence em exclusivo ao Supremo Tribunal de Justiça.

Trata-se de uma fórmula destinada a tutelar interesses de ordem pública, da estabilidade da aplicação da lei ou da igualdade dos cidadãos que poderiam ser afectados nos casos em que a decisão não satisfizesse alguma das condições referidas no n.º 1.[192]

Para o efeito, o recorrente terá de justificar a intervenção extraordinária da Relação, nos termos do art. 50.º, n.º 2.[193]

Artigo 50.º
(Regime do recurso)

1 – O recurso é interposto no prazo de 20 dias a partir da sentença ou do despacho, ou da sua notificação ao arguido, caso a decisão tenha sido proferida sem a presença deste.

2 – Nos casos previstos no n.º 2 do artigo anterior, o requerimento segue junto ao recurso, antecedendo-o.

3 – Nestes casos, a decisão sobre o requerimento constitui questão prévia, que é resolvida por despacho fundamentado do tribunal, equivalendo o seu indeferimento à retirada do recurso.

4 – O recurso segue a tramitação do recurso em processo penal, tendo em conta as especialidades que resultem desta lei.

---

1. Os *requisitos* a que deve obedecer o requerimento de interposição de recurso e as alegações poderão ser directamente recolhidos do CPP supletivamente aplicável ao processo de contra-ordenações.

2. Ao invés do que ocorre na impugnação inicial, é obrigatória a intervenção de *advogado* como defensor do arguido.

Artigo 51.º
(Âmbito e efeitos do recurso)

1 – Se o contrário não resultar da presente lei, a segunda instância apenas conhece da matéria de direito, não cabendo recurso das suas decisões.

---

[192] Acs. da Rel. de Lisboa, de 8-4-08, CJ, tomo II, pág. 144, de 24-9-97, CJ, tomo IV, pág. 142, e de 28-9-05, CJ, tomo IV, pág. 144.

[193] Ac. da Rel. de Évora, de 3-4-01, CJ, tomo II, pág. 264.

2 – A decisão do recurso pode:
a) Alterar a decisão do tribunal recorrido sem qualquer vinculação aos termos e ao sentido da decisão recorrida;
b) Anulá-la e devolver o processo ao tribunal recorrido.

---

1. A intervenção da Relação a respeito da *matéria de facto* está limitada aos casos previstos no art. 410.º, n.º 2, do CPP.

2. Independentemente do âmbito do recurso, do resultado obtido no âmbito do recurso para a Relação não é admissível recurso para o Supremo Tribunal de Justiça.

Artigo 59.º
(Custas processuais)

Sempre que o contrário não resulte da presente lei, são aplicáveis, com as devidas adaptações, as disposições do Regulamento das Custas Processuais.

Sobre a taxa de justiça cfr. o disposto no art. 8.º, n.º 4, do RCP, segundo o qual:

> É devida taxa de justiça pela impugnação das decisões das autoridades administrativas no âmbito de processos contra-ordenacionais, quando a coima não tenha sido previamente liquidada, sendo a taxa autoliquidada nos 10 dias subsequentes ao recebimento da impugnação pelo tribunal, no montante de 1 UC, podendo ser corrigida, a final, pelo juiz, nos termos da Tabela III, que faz parte integrante do presente Regulamento, tendo em consideração a gravidade do ilícito.

Artigo 60.º
(Direito subsidiário)

Sempre que o contrário não resulte da presente lei, são aplicáveis, com as devidas adaptações, os preceitos reguladores do processo de contra-ordenação previstos no regime geral das contra-ordenações.

1. O regime geral das contra-ordenações consta do Dec. Lei n.º 433//82, de 27-10, com a redacção decorrente do Dec. Lei n.º 109/01, de 24-12.

2. Por via do art. 41.º do referido regime geral, pode revelar-se necessário o recurso a normas reguladoras do processo criminal.

ÍNDICE

Nota Prévia	5
Sumário	7
I – Introdução	9
II – Recurso de Apelação	17
Artigo 79.º (Decisões que admitem sempre recurso)	17
1. Introdução	18
2. Recorribilidade em função do valor do processo ou da sucumbência	20
3. Recorribilidade em função do conteúdo da decisão	22
4. Recorribilidade em função da natureza da decisão	28
5. Legitimidade	28
6. Patrocínio judiciário	30
Artigo 79.º-A (Recurso de apelação)	31
1. Recurso de apelação	32
2. Decisões que ponham termo ao processo (art. 79.º-A, n.º 1)	33
3. Decisões interlocutórias imediatamente recorríveis	35
4. Decisões interlocutórias com impugnação diferida	46
5. Recursos no processo de execução	50
Artigo 80.º (Prazo de interposição)	51
1. Prazos de interposição	51
Artigo 81.º (Modo de interposição dos recursos)	57
1. Modalidades de impugnação das decisões	58
2. Interposição de recurso	59
3. Alegações	62
4. Pagamento da taxa de justiça	68
5. Contra-alegações	69
6. Recurso subordinado	72
7. Junção de documentos	73

Artigo 82.º (Admissão, indeferimento ou retenção de recurso) 75
1. Intervenção do juiz a quo 76
2. Reclamação contra a rejeição do recurso 78

Artigo 83.º (Efeito dos recursos) 81
1. Efeito da apelação 82
2. Apelações com efeito suspensivo 83

Artigo 83.º-A (Subida dos recursos) 87
1. Regime de subida da apelação 87
2. Instrução do recurso com subida em separado 88

Artigo 87.º (Julgamento dos recursos) 89
1. Tramitação da apelação no Tribunal da Relação 90
2. Julgamento 94

III – Recurso de Revista 101

Artigo 80.º (Prazo de interposição) 101

Artigo 81.º (Modo de interposição dos recursos) 101

Artigo 87.º (Julgamento dos recursos) 102
1. Regime do recurso de revista 102
2. Âmbito do recurso de revista 103
3. Revista excepcional 106
4. Recurso de revista *per saltum* 114
5. Interposição do recurso de revista 116
6. Fundamentos da revista 117
7. Tramitação 118
8. Modo de subida e efeito 119
9. Junção de documentos e pareceres 120
10. Julgamento 121
11. Julgamento ampliado 122

IV – Recurso para Uniformização de Jurisprudência 131

Artigo 763.º (Fundamento do recurso) 131

Artigo 764.º (Prazo para a interposição) 131

Artigo 765.º (Instrução do requerimento) 132

Artigo 766.º (Recurso por parte do Ministério Público) 132

Artigo 767.º (Apreciação liminar) 132

Artigo 768.º (Efeito do recurso) 133

Artigo 769.º (Prestação de caução) 133

Artigo 770.º (Julgamento e termos a seguir quando o recurso é procedente) 133
   1. Introdução 133
   2. Requisitos 134
   3. Prazo 136
   4. Legitimidade activa 136
   5. Tramitação 137
   6. Efeito 141
   7. Julgamento 142

V – Recurso de Revisão 145

Artigo 771.º (Fundamentos do recurso) 146

Artigo 772.º (Prazo para a interposição) 146

Artigo 773.º (Instrução do requerimento) 146

Artigo 774.º (Admissão do recurso) 147

Artigo 775.º (Julgamento da revisão) 147

Artigo 776.º (Termos a seguir quando a revisão é procedente) 147

Artigo 777.º (Prestação de caução) 148
   1. Introdução 148
   2. Fundamentos 149
   3. Pressupostos 151
   4. Prazo 151
   5. Tramitação 153
   6. Julgamento 155

VI – Recursos de Contra-Ordenações Laborais e da Segurança Social 157
(Artigo 186.º-J do CPT e artigos 32.º a 60.º da Lei n.º 107/09, de 14 de Setembro) 157

Artigo 186.º-J do CPT (Remissão) 157

Artigos 32.º a 60.º da Lei n.º 107/09, de 14 de Setembro 158

Artigo 32.º (Impugnação judicial das decisões de aplicação das coimas) 158

Artigo 33.º (Forma e prazo) 158

Artigo 34.º (Tribunal competente) 160

Artigo 35.º (Efeitos da impugnação judicial) 160

Artigo 36.º (Envio dos autos ao Ministério Público) 161

Artigo 37.º (Apresentação dos autos ao juiz) 162
Artigo 38.º (Não aceitação da impugnação judicial) 162
Artigo 39.º (Decisão judicial) 163
Artigo 40.º (Marcação da audiência) 164
Artigo 41.º (Retirada da acusação) 164
Artigo 42.º (Participação do arguido na audiência) 165
Artigo 43.º (Ausência do arguido) 165
Artigo 44.º (Participação do Ministério Público) 166
Artigo 45.º (Participação da autoridade administrativa competente).. 166
Artigo 46.º (Retirada da impugnação judicial) 167
Artigo 47.º (Prova) 168
Artigo 48.º (Admoestação judicial) 168
Artigo 49.º (Decisões judiciais que admitem recurso) 168
Artigo 50.º (Regime do recurso) 170
Artigo 51.º (Âmbito e efeitos do recurso) 170
Artigo 59.º (Custas processuais) 171
Artigo 60.º (Direito subsidiário) 171